Woolly Hugs

VeronikaHug.com

BOBBEL-STRICKEN 3

Tücher, Schals & Co. in neuem Design

CV

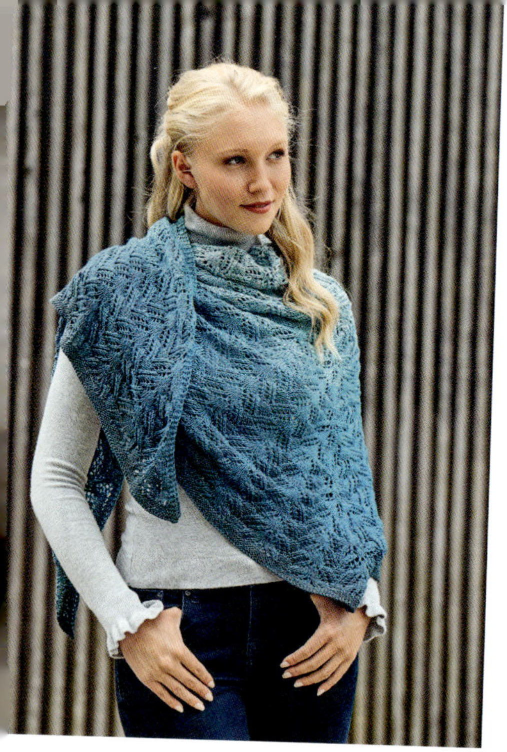

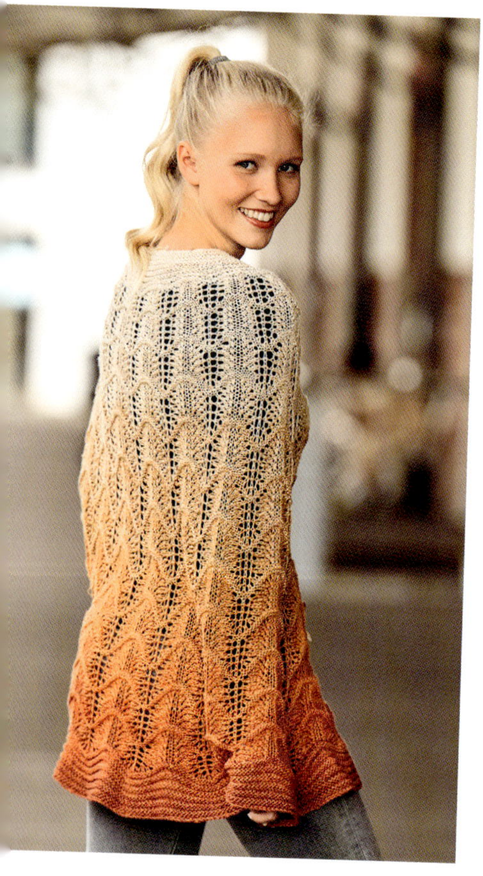

INHALT

LIEBE BOBBEL-FANS!

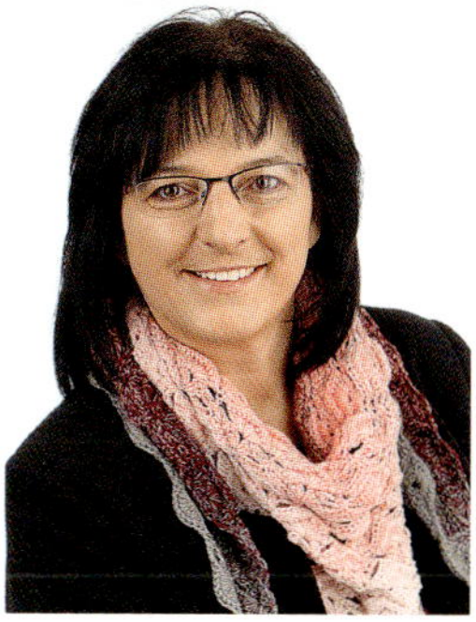

Fortsetzung folgt, heißt es oft am Ende eines Filmes und zwar genau dann, wenn es wieder spannend wird. Dass ihr jetzt das 3. BOBBEL-Buch „Stricken" in den Händen haltet, hätte ich selbst nicht für möglich gehalten.

Aber in den letzten Monaten ist sehr viel passiert, was wir ebenfalls nicht für möglich gehalten haben. So war auch ich Anfang des Jahres, wie so viele, für Wochen nur zu Hause und auch lange Zeit in Quarantäne. Anfangs erst wie gelähmt, suchte ich nach einiger Zeit nach einer kreativen Beschäftigung.

Bei mir hatte es zur Folge, dass ich nach meiner Corona-Erkrankung wochenlang BOBBEL-Modelle entworfen habe. Ich habe die ruhige Zeit genossen, Masche für Masche abgestrickt und mich gefreut, wenn das Muster sich so entwickelt hat, wie ich es mir beim Zeichnen vorgestellt habe.

Es ist wirklich ein langer Weg, bis so ein Muster gezeichnet, ausprobiert und gestrickt ist. Oft dachte ich mir, dass es den Pilgern auf dem Jakobsweg ähnlich ergehen muss. Man darf nicht immer nur das fertige Modell im Auge haben, man muss sich an den einzelnen Zwischenzielen erfreuen, z.B. wenn wieder ein Mustersatz geschafft ist oder wenn sich ein neuer Farbabschnitt im BOBBEL zeigt. Und man muss sich auch mal eine Pause gönnen, und dann macht man sich wieder auf den Weg bis das Ziel in Sichtweite ist.

Dieses letzte Stück, wenn die Maschen abgekettet sind und das Modell endlich zur vollen Größe ausgebreitet werden kann – das ist wirklich mit dem Erreichen eines großen Zieles zu vergleichen.

Die folgenden Modelle tragen Ortsnamen entlang des Jakobsweges – sie zeigen uns, dass es oft ein langer Weg bis zum Ziel ist, aber dass sich das Durchhalten auf jeden Fall lohnt.

Ich wünsche euch allen besinnliche, ausgeglichene Stunden mit eurer Handarbeit und hoffe, dass ich es mit meinen Designs schaffe, euch beim Stricken ein Lächeln ins Gesicht zu zaubern.

Eure

Veronika Hug

Ein besonderer Dank geht an alle Teststrickerinnen, die so fleißig viele der Tücher gestrickt haben.

Woolly Hugs Immer eine Umarmung mehr!

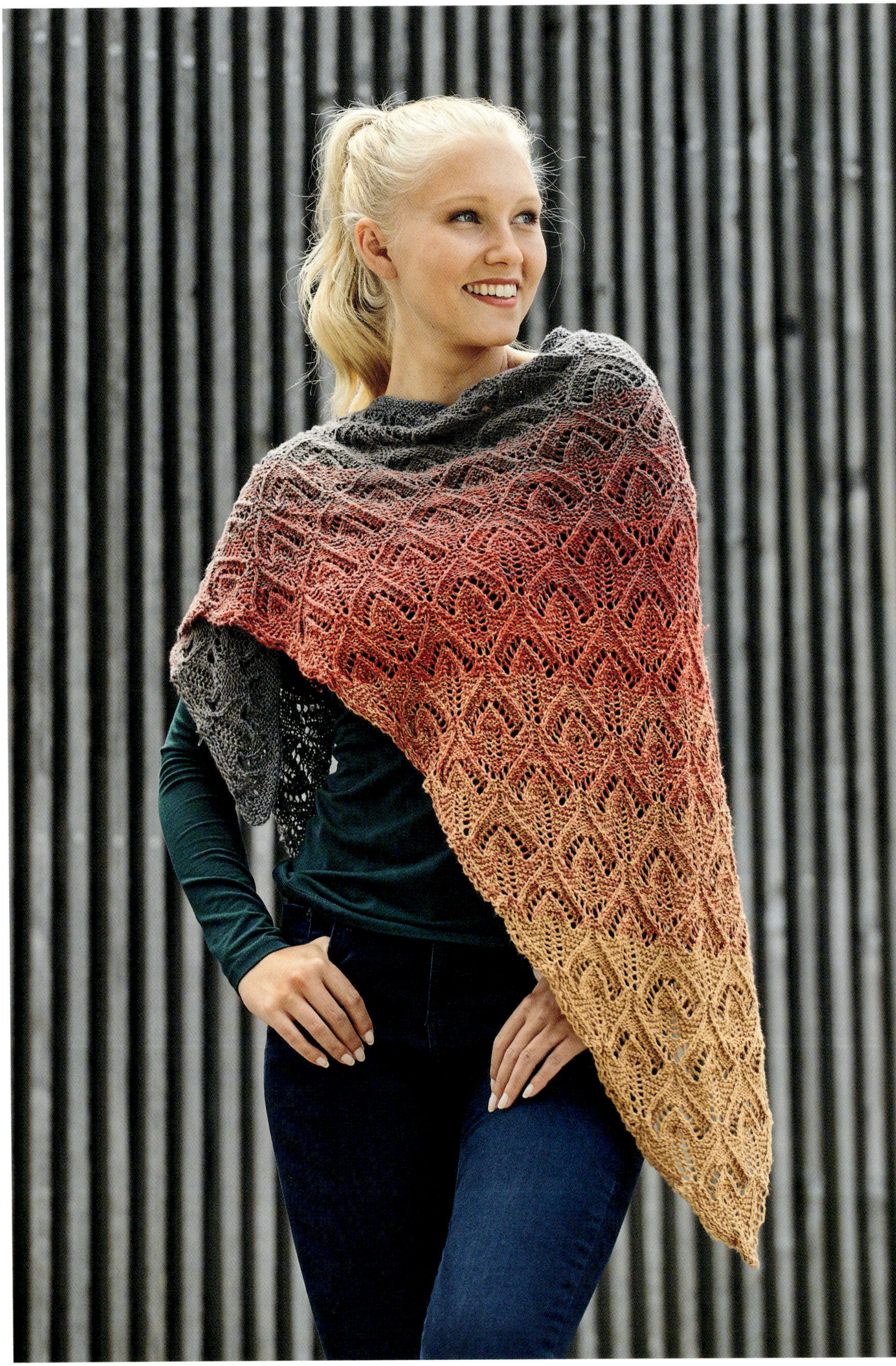

TUCH
PAMPLONA

Größe: ca. 160 x 85 cm

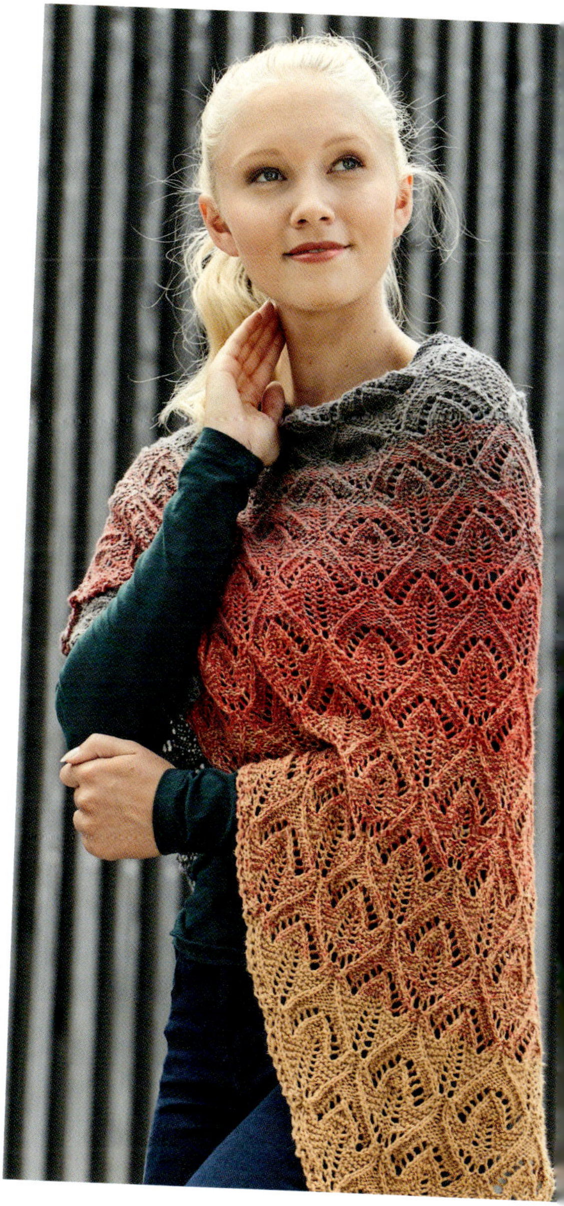

MATERIAL

- Woolly Hugs BOBBEL COTTON (50% Baumwolle, 50% Polyacryl, Lauflänge ca. 800 m/200 g) von L&K (www.VeronikaHug.com):
- 1 BOBBEL in Wunschfarbe (Original in Farbe Nr. 54)
- 1 lange Rundstricknadel Nr. 3,0–4,0

MUSTER

Pfeil-Rautenmuster
Laut Strickschrift arbeiten. Es sind nur die Hinreihen gezeichnet. In den Rückreihen linke Maschen rechts und Umschläge links stricken, kraus links gestrickte Maschen in den Rückreihen ebenfalls links stricken.

Maschenprobe im Pfeil-Rautenmuster
20 Maschen (M) und 29 Reihen = 10 x 10 cm.

SO WIRD'S GEMACHT

An der unteren Spitze beginnend 3 M anschlagen und 1 Rückreihe linke M stricken. Dann mit der **1. Reihe** der Strickschrift beginnen: Randmasche, 1 Umschlag, 1 M links, 1 Umschlag, Randmasche. Dann die Arbeit wenden und die **2. Reihe** (= Rückreihe) arbeiten: Randmasche, 1 M links, 1 M rechts, 1 M links, Randmasche. Dann die Arbeit wenden und die **3. Reihe** laut Strickschrift arbeiten.

Strickschrift

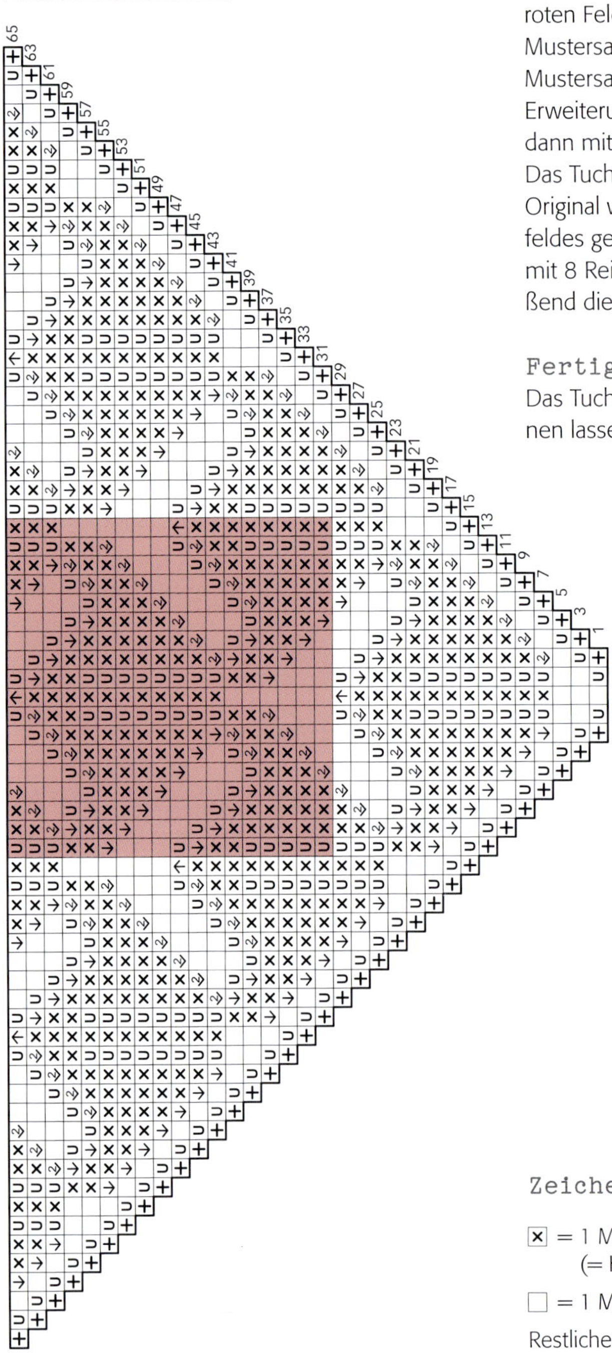

Zunächst die **1.–66. Reihe** der Strickschrift 1 x arbeiten. Dann die **31.–66. Reihe** stets wiederholen, dabei die Zunahmen beidseitig sinngemäß fortsetzen.

Ab der 31. Reihe ist eine Fläche mit einem roten Feld unterlegt. Diese 18 M bilden den Mustersatz. In jeder Reihe mit den M vor dem Mustersatz beginnen, diesen Mustersatz mit der Erweiterung des Tuches stets wiederholen, dann mit den M nach der roten Fläche enden. Das Tuch bis zur Wunschgröße arbeiten (beim Original wurde bis zum Beginn des letzten Farbfeldes gestrickt – dann für die Abschlussblende mit 8 Reihen kraus rechts enden und anschließend die M sehr locker (!) abketten.

Fertigstellung

Das Tuch leicht spannen, anfeuchten und trocknen lassen.

Zeichenerklärung

☒ = 1 Masche kraus links
(= Hin- und Rückreihe linke Maschen)

☐ = 1 Masche links

Restliche Zeichen siehe rückwärtige Klappe

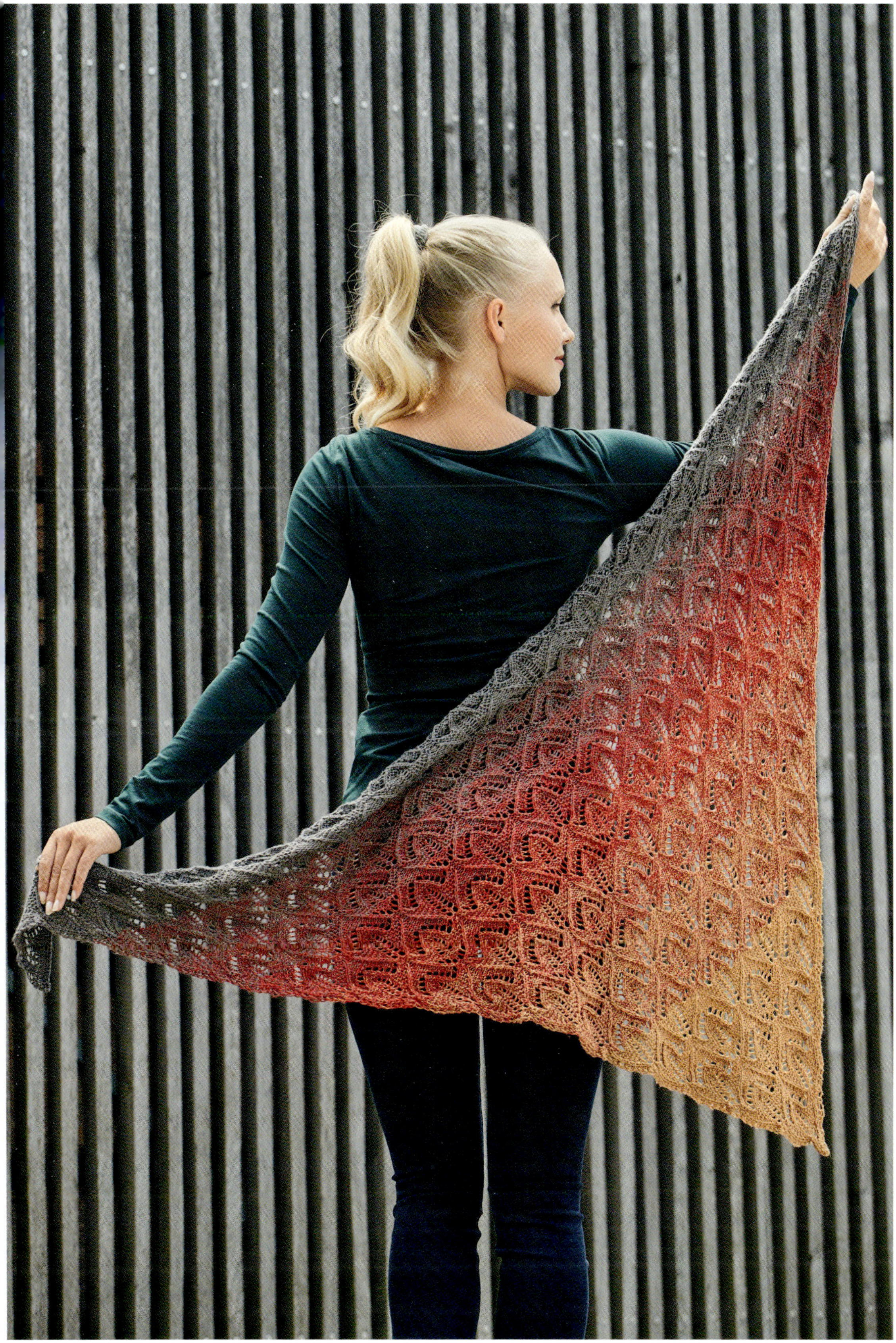

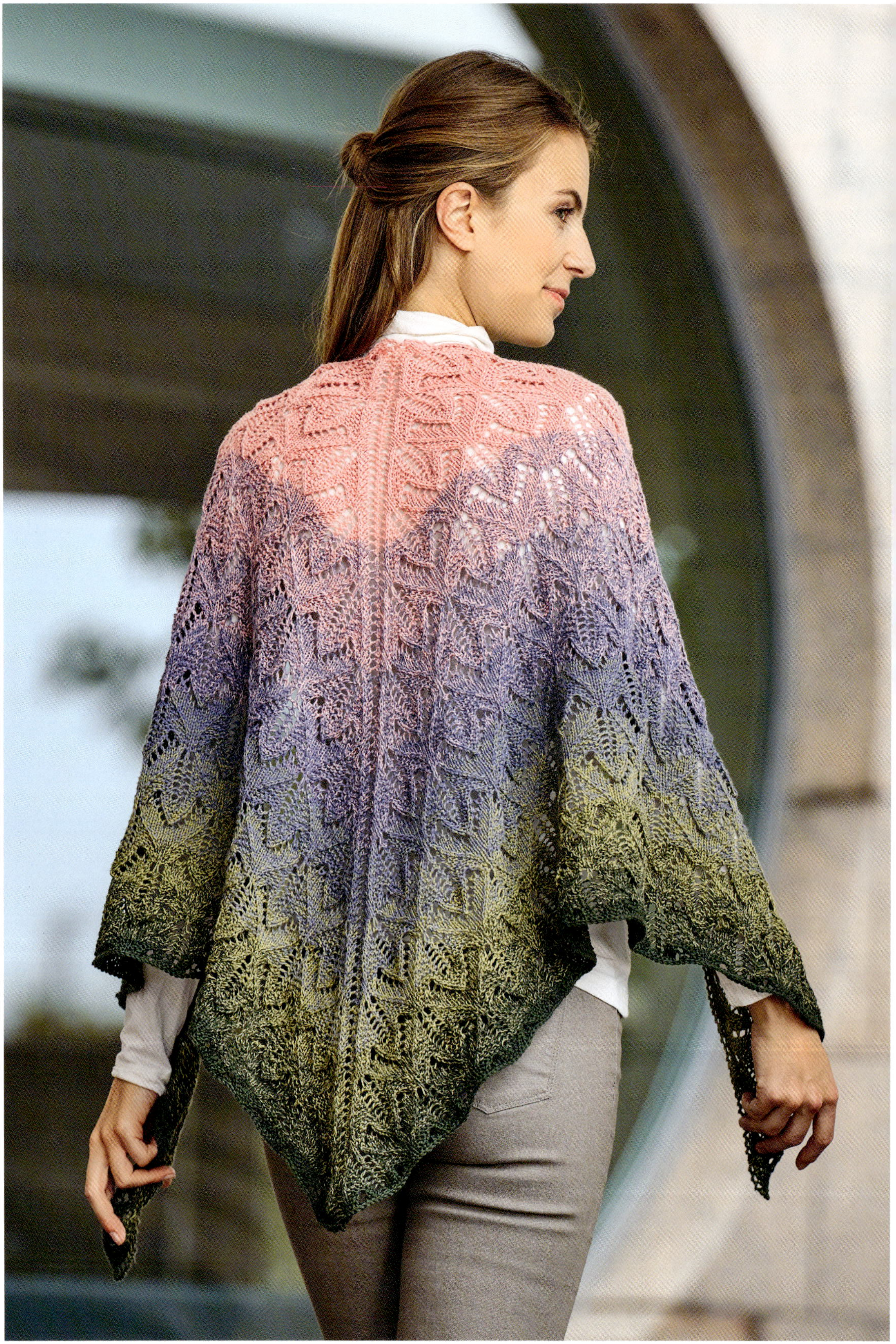

TUCH MELIDE

Größe: ca 190 x 85 cm

MATERIAL

- Woolly Hugs BOBBEL COTTON (50% Baumwolle, 50% Polyacryl, Lauflänge ca. 800 m/200 g) von L&K (www.VeronikaHug.com):
- 1 BOBBEL in Wunschfarbe (Original in Farbe Nr. 53)
- 1 lange Rundstricknadel Nr. 3,0–4,0

MUSTER

Wie beim Tuch Pamplona das Pfeil-Rautenmuster von Seite 7 stricken. Hier werden die gezeichneten Maschen je Reihe 2 x gestrickt und dazwischen befindet sich 1 rechts verschränkte Masche als Mittelmasche. Zur Verdeutlichung sind die ersten 10 Reihen nachfolgend aufgeführt.

SO WIRD'S GEMACHT

5 M anschlagen und wie folgt stricken:
1. Reihe: Randmasche, * 1 Umschlag, 1 Masche rechts, 1 Umschlag *, 1 Masche rechts verschränkt (= Mittel-M), von * bis * noch 1 x wiederholen, Randmasche; **2. und alle folgenden Rückreihen:** Zwischen den Randmaschen alle M links stricken; **3. Reihe:** Randmasche, * 1 Umschlag, 3 M rechts, 1 Umschlag *, 1 Masche rechts verschränkt (= Mittel-M), von * bis * noch 1 x wiederholen, Randmasche; **5. Reihe:** Randmasche, * 1 Umschlag, 5 M rechts, 1 Umschlag, * 1 Masche rechts verschränkt (= Mittel-M), von * bis * noch 1 x wiederholen, Randmasche; **7. Reihe:** Randmasche, * 1 Umschlag, 1 Masche rechts,

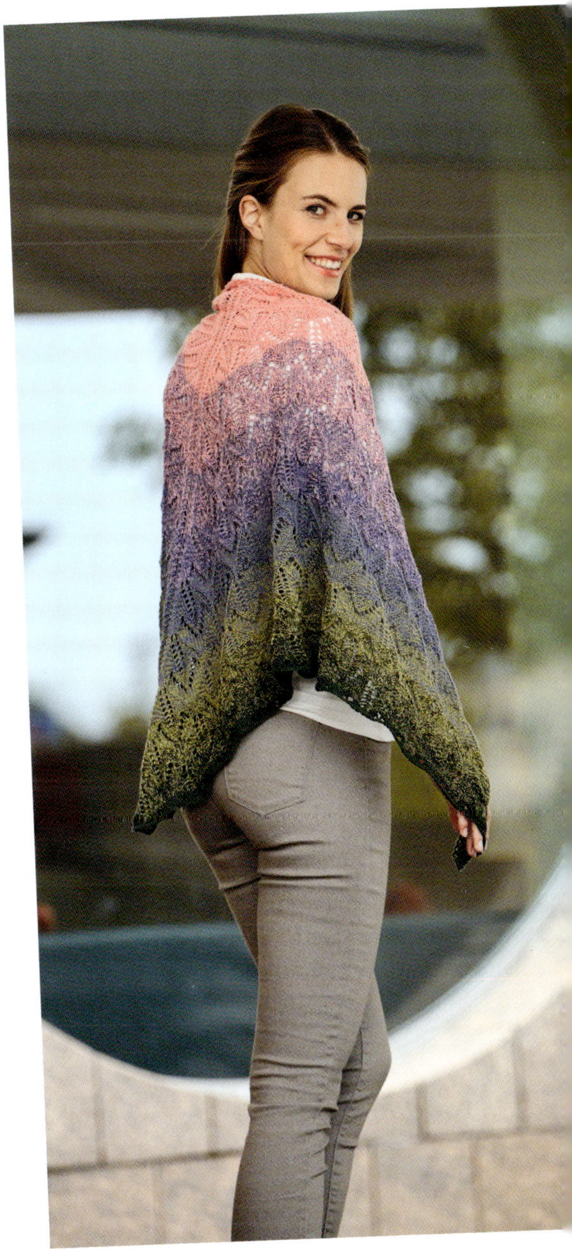

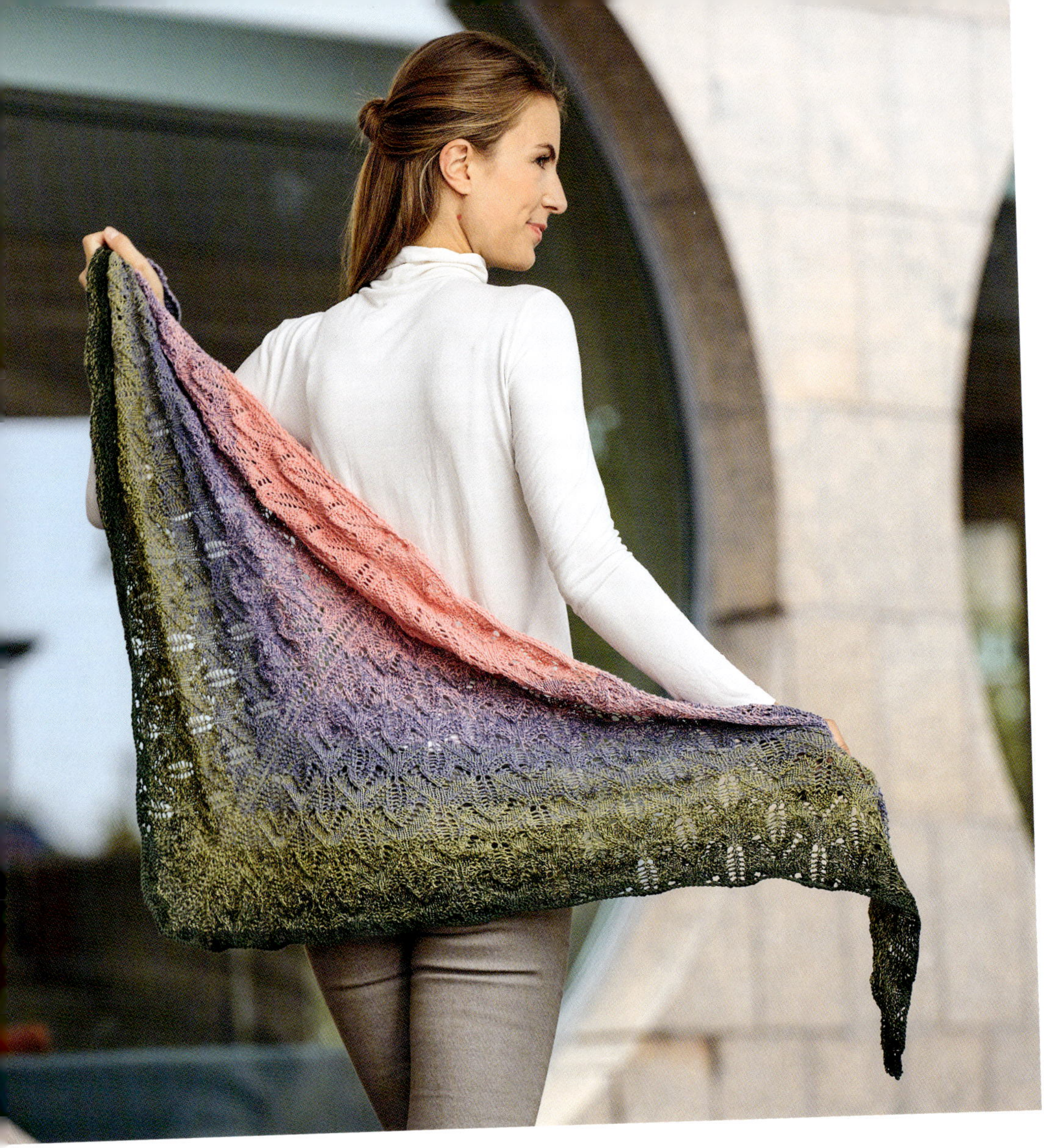

2 M rechts zusammenstricken, 1 Umschlag, 1 M links, 1 Umschlag, 1 einfacher Überzug, 1 M rechts, 1 Umschlag *, 1 M rechts verschränkt (= Mittel-M), von * bis * 1 x wiederholen, Randmasche; **9. Reihe:** Randmasche, * 1 Umschlag, 1 M rechts, 2 M rechts zusammenstricken, 1 M links, 1 Umschlag, 1 M links, 1 Umschlag, 1 M links, 1 einfacher Überzug, 1 M rechts, 1 Umschlag *, 1 M rechts verschränkt (= Mittel-M), von * bis * 1 x wiederholen, Randmasche.
Nun bis zur **66. Reihe** der Strickschrift vom Tuch Pfeilrauten weiterarbeiten, dabei statt der linken Maschen rechte Maschen stricken. Dann die **31.–66. Reihe** stets wiederholen, dabei die Zunahmen durch Umschläge beidseitig der Mittel-M und rechts und links nach der Randmasche singgemäß fortsetzen.
Das Tuch bis zur Wunschgröße arbeiten, bzw. bis der BOBBEL fast zu Ende ist, dann mit 4 Reihen kraus rechts enden und anschließend die M locker (!) abketten.

Fertigstellung

Das Tuch leicht spannen, anfeuchten und trocknen lassen.

STOLA

ESTELLA

Größe: ca. 42 x 170 cm

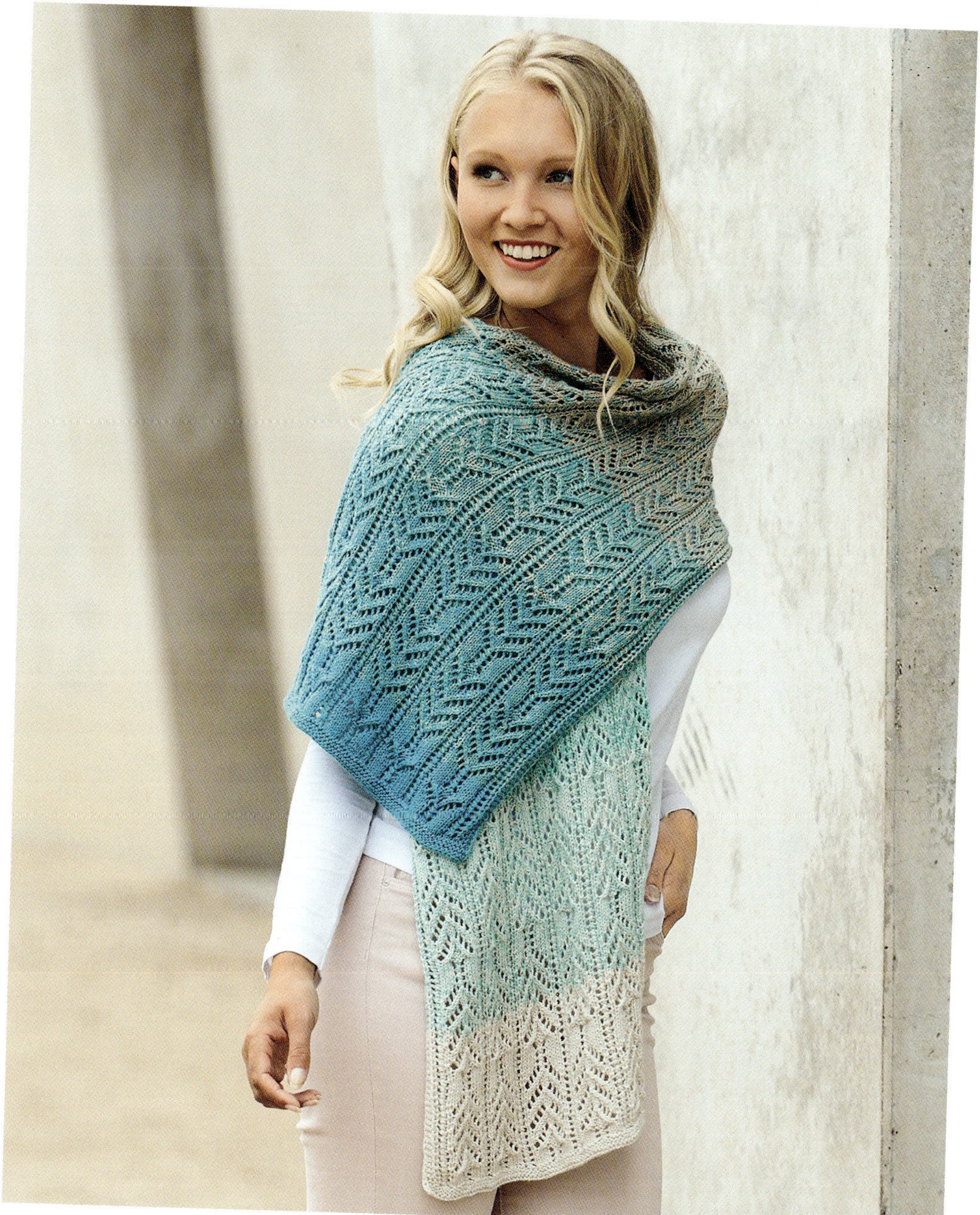

MATERIAL

- Woolly Hugs BOBBEL COTTON (50% Baumwolle, 50% Polyacryl, Lauflänge ca. 800 m/200 g) von L&K (www.veronikaHug.com):
- 1 BOBBEL in Wunschfarbe (Original in Farbe 51)
- Stricknadeln Nr. 3,0–4,0

MUSTER

Kraus rechts

Hin- und Rückreihe rechte Maschen stricken.

Grundmuster

Laut Strickschrift arbeiten. Die Maschenzahl muss durch 14 teilbar sein, plus 13 zusätzliche Maschen, damit das Muster rechts und links aufgeht. In der Breite mit den Maschen vor dem Mustersatz beginnen, den Mustersatz stets wiederholen, enden mit den Maschen nach dem Mustersatz. Es sind nur die Hinreihen gezeichnet. In den Rückreihen alle Maschen stricken, wie sie erscheinen, kraus rechts gestrickte Maschen rechts, Umschläge links stricken. In der Höhe die 1.–44. Reihe 1 x arbeiten, dann die 13.–44. Reihe stets wiederholen, enden mit der 45.–62. Reihe. Die M in der rot unterlegten Fläche bilden einen Mustersatz.

Maschenprobe

18 Maschen (M) und 26 Reihen = 10 x 10 cm.

SO WIRD'S GEMACHT

97 M anschlagen und im Grundmuster stricken. Die 13.–44. Reihe bis zur Wunschlänge wiederholen, bzw. bis vom BOBBEL nur noch so viel übrig ist, dass nach einer 44. Reihe der Strickschrift mit der 45.–62. Reihe geendet werden kann. Anschließend alle M locker (!) rechts abketten.

Strickschrift

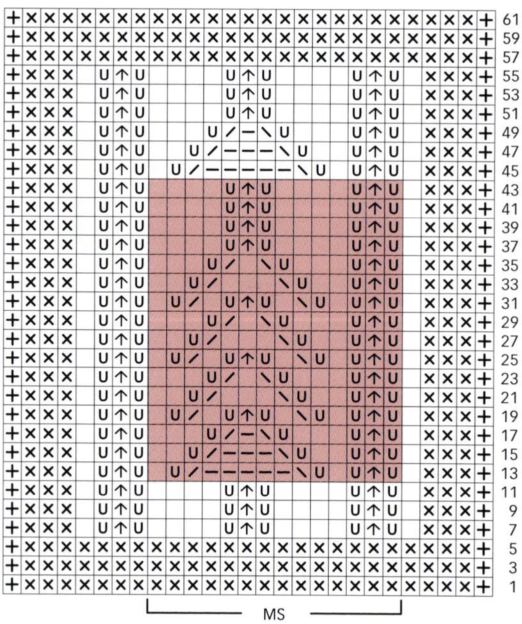

Zeichenerklärung

Siehe rückwärtige Klappe

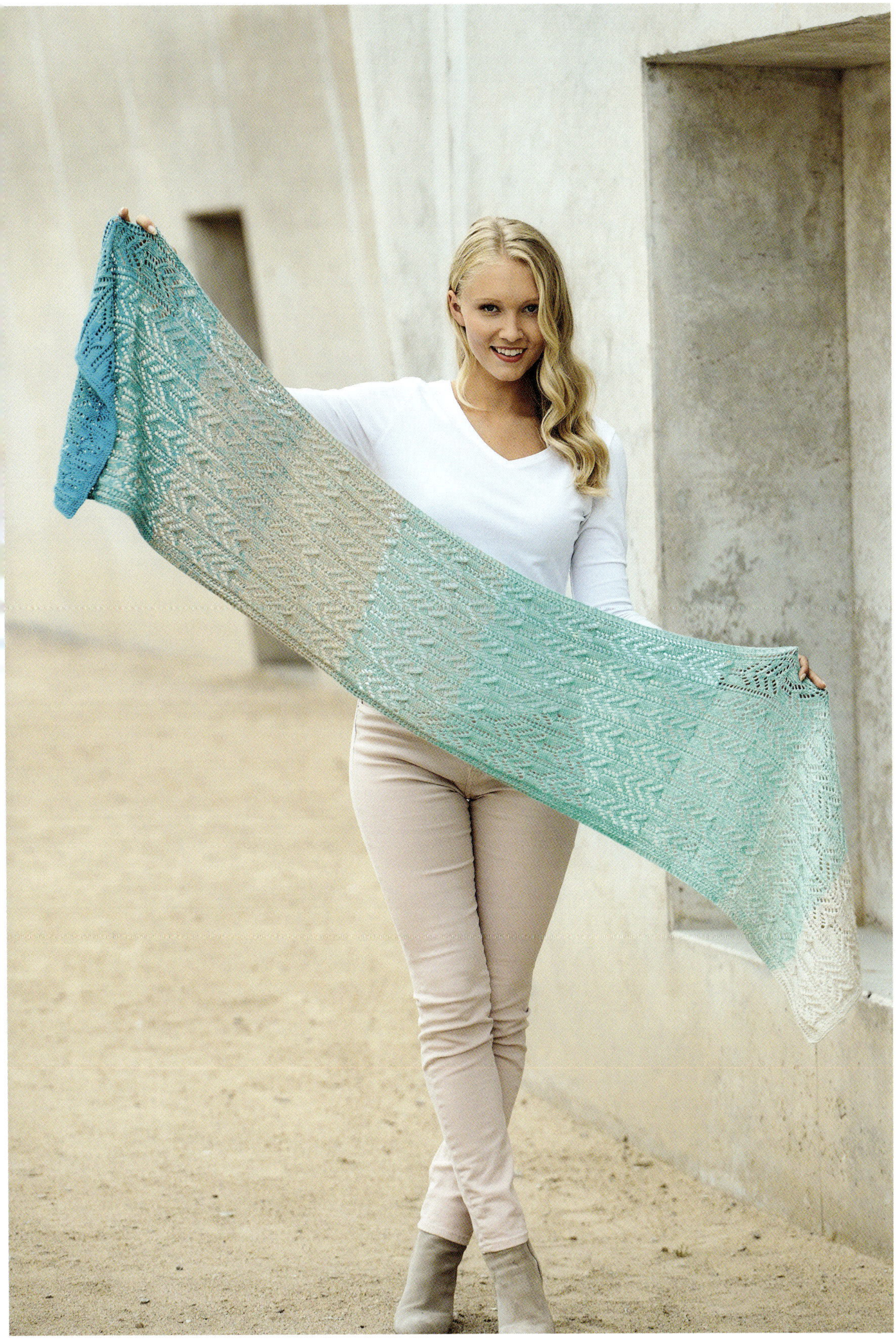

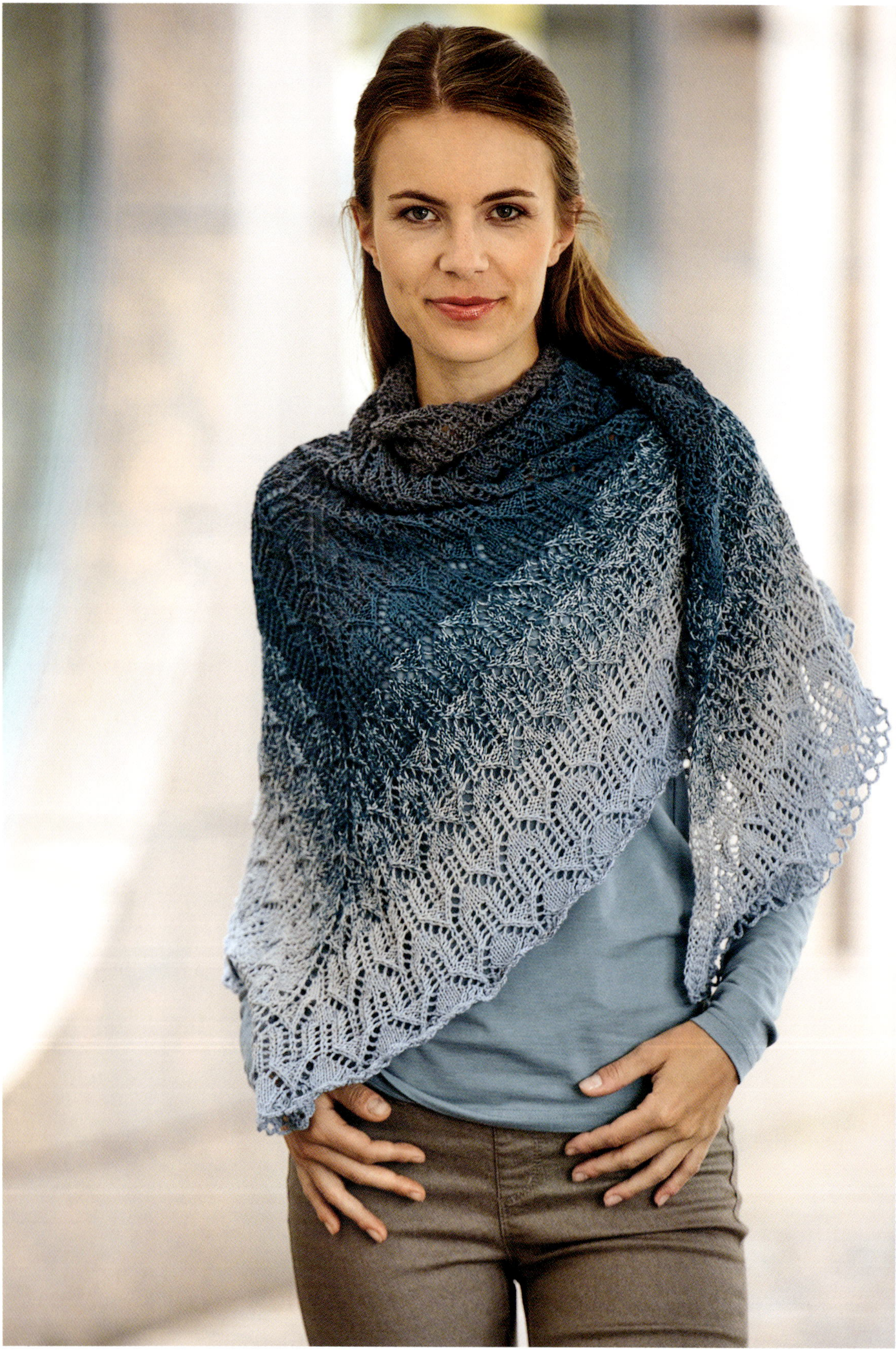

TUCH LOGRONO

Größe: ca. 180 x 90 cm

MATERIAL

- Woolly Hugs BOBBEL COTTON (50% Baumwolle, 50% Polyacryl, Lauflänge ca. 800 m/200 g) von L&K (www.VeronikaHug.com):
- 1 BOBBEL in Wunschfarbe (Original in Farbe Nr. 52)
- 1 lange Rundstricknadel Nr. 3,0–4,0
- 1 Häkelnadel Nr. 3–3,5 (zum Abhäkeln der Maschen)
- 1 Maschenmarkierer

MUSTER

Grundmuster

Laut Strickschrift 1 arbeiten. Es sind nur die Hinreihen gezeichnet. In den Rückreihen alle Maschen und Umschläge links stricken, kraus rechts gestrickte Maschen in den Rückreihen ebenfalls rechts stricken.

Spitze

Genauso, jedoch laut Strickschrift 2 arbeiten.

Maschenprobe glatt rechts

22 Maschen (M) und 32 Runden = 10 x 10 cm.

SO WIRD'S GEMACHT

An der oberen Nackenmitte beginnend 13 M anschlagen und 1 Rückreihe linke M stricken. Dann mit der **1. Reihe** (= Hinreihe) der Strickschrift 1 beginnen: Randmasche, 3 M kraus rechts (= rechts stricken), 1 M rechts verschränkt, 1 Umschlag, 1 M rechts verschränkt, 1 Umschlag, 1 M rechts verschränkt (= Mittel-M – diese evtl. markieren), 1 Umschlag, 1 M rechts verschränkt, 1 Umschlag, 1 M rechts verschränkt, 3 M kraus rechts, 1 Randmasche. Dann die Arbeit wenden und die **2. Reihe** (= Rückreihe) arbeiten: Randmasche, 3 M rechts, 9 M links, 3 M rechts, Randmasche. Anschließend die 3.–40. Reihe der Strickschrift 1 x arbeiten, dabei die M ab der Mittel-M stets gegengleich (= gespiegelt) abstricken. Dabei werden aus 2 zusammen gestrickten M 1 einfacher Überzug und umgekehrt. Zum besseren Verständnis sind bis zur 9. Reihe noch alle M gezeichnet.
Nach 40 Reihen ab Anschlag die **25.–40. Reihe** stets wiederholen, dabei die Zunahmen beidseitig sinngemäß fortsetzen. Ab der 25. Reihe ist rechts der Mittel-M eine Fläche rot unterlegt. Diese 10 M bilden jeweils den Mustersatz. In jeder Reihe mit den M vor dem Mustersatz beginnen, diesen Mustersatz mit der Erweiterung des Tuches stets wiederholen, dann die M nach dem Mustersatz bis zur Mittel-M arbeiten und nach der Mittel-M das Muster gegengleich beenden. Das Tuch bis zur Wunschgröße arbeiten (beim Original wurde bis zum Beginn des vorletzten Farbfeldes gestrickt – dann für die Spitze laut Strickschrift 2 weiterarbeiten. Am besten lässt sich die Spitze anfügen, wenn nach einer 40. Reihe zunächst die 41. und 42. Reihe gestrickt wird. Dann die 1.–8. Reihe der 2. Strickschrift aufstricken, dabei mit den 11 M nach Pfeil A beginnen. Anschließend die 10 M von Pfeil B–C stets wiederholen, bis nur noch 7 M vor der Mittel-M liegen. Dann die M ab Pfeil D bis zur Mittel-M 1 x stricken. Dann die Mittel-M arbeiten und anschließend die Reihe gegengleich beenden.

Strickschrift 1

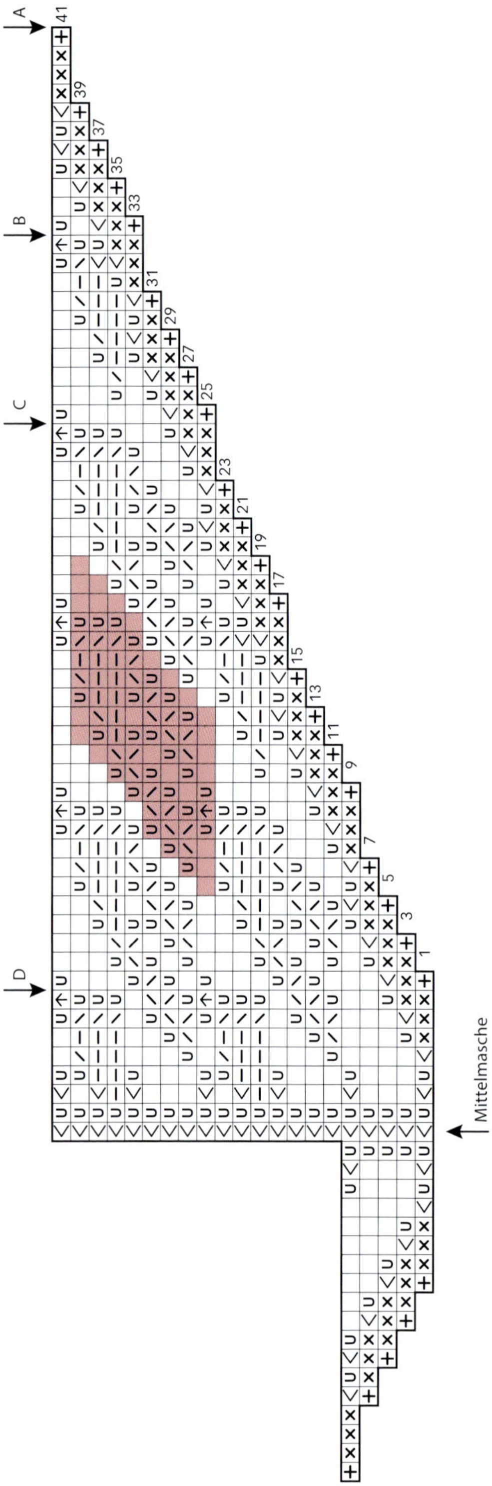

Strickschrift 2

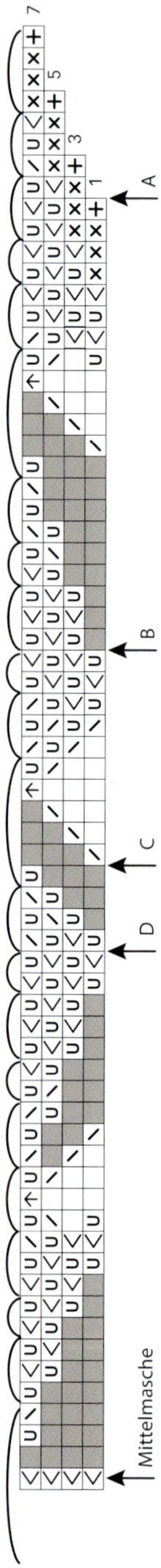

Zeichenerklärung

Siehe rückwärtige Klappe

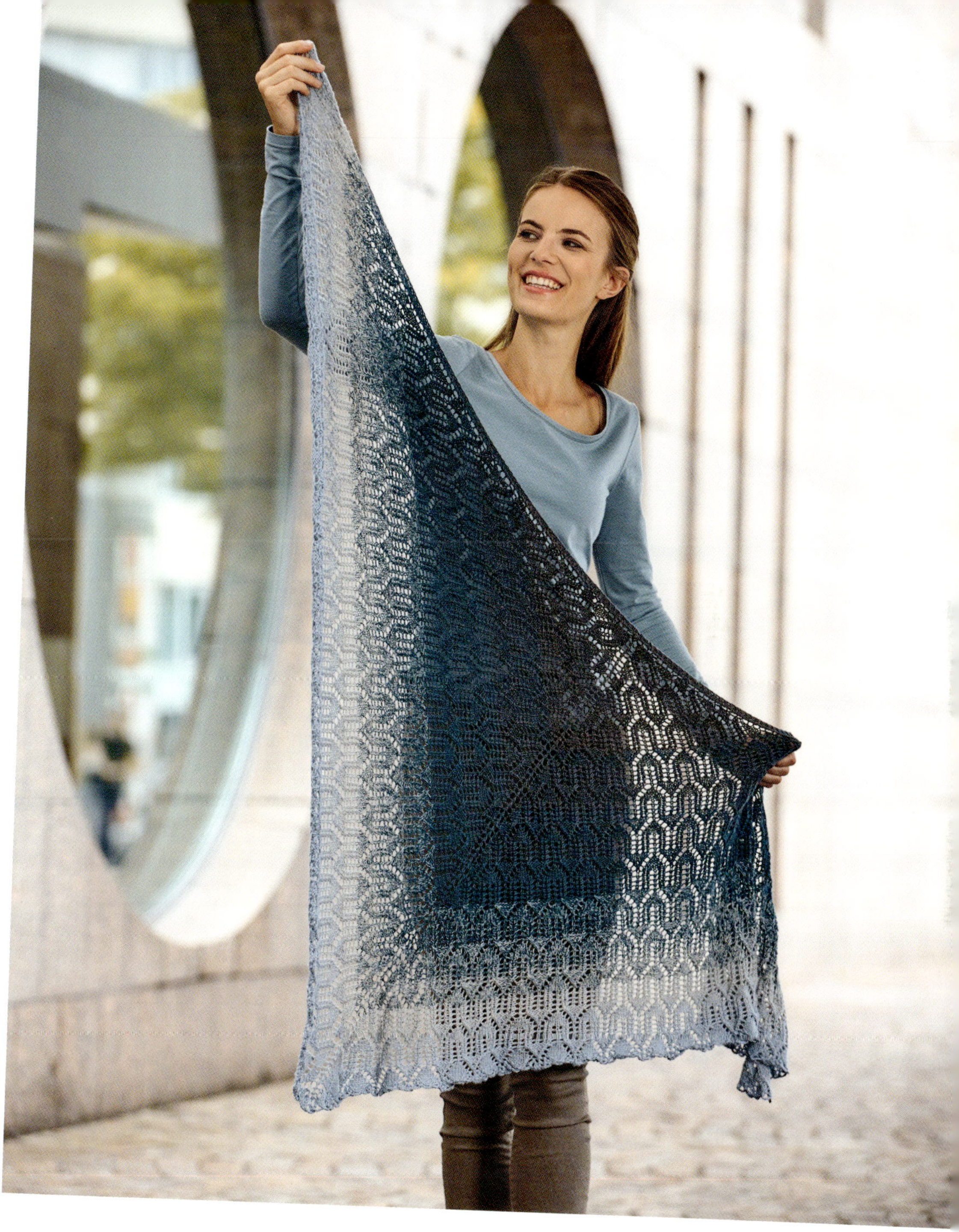

Abhäkeln: Nach 8 Reihen Spitzenhöhe die am oberen Ende der Strickschrift 2 mit Bogen zusammengefassten M auf die Häkelnadel nehmen und den Faden durchziehen, dann 5 Luftmaschen häkeln und die nächsten zusammengefassten M auf die Häkelnadel legen.

Fertigstellung

Die 13 Anschlag-M mit dem Anfangsfaden zusammenziehen und diesen vernähen. Das Tuch leicht spannen, anfeuchten und trocknen lassen.

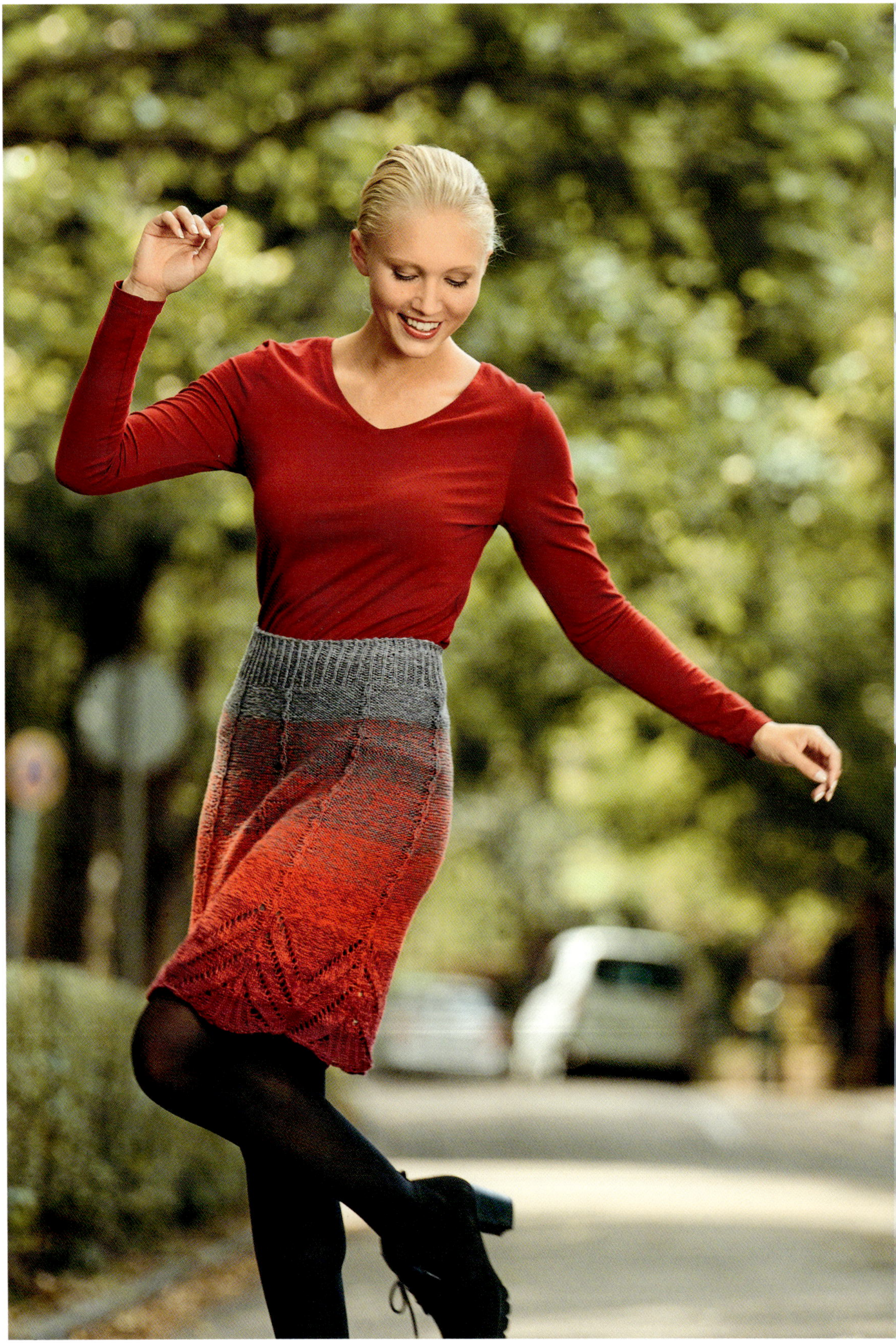

ROCK
TOSANTOS

Größe: 36/38 (40/42) 44/46

MATERIAL

- Woolly Hugs BOBBEL COTTON (50% Baumwolle, 50% Polyacryl, Lauflänge ca. 800 m/200 g) von L&K (www.VeronikaHug.com):
- 1 BOBBEL in Wunschfarbe (Original in Farbe Nr. 04)
- Rundstricknadel Nr. 3,0–4,0
- 3 x Gummifaden in Taillenweite

MUSTER

Bundmuster

Die Maschenzahl muss durch 3 teilbar sein. Abwechselnd 1 Masche rechts verschränkt und 2 Maschen links stricken.

Grundmuster

Die Maschenzahl muss zunächst durch 21 teilbar sein. Laut Strickschrift in Runden arbeiten. Es sind nur die ungeraden Runden gezeichnet. In den geraden Runden alle Maschen stricken, wie sie erscheinen, die blau gezeichneten Umschläge rechts, die rot gezeichneten Umschläge links stricken. In der Breite die gezeichneten Maschen (= Mustersatz) und in der Höhe die 1.–22. Runde stets wiederholen.

Maschenprobe im Durchschnitt

22 Maschen (M) und 32 Reihen = 10 x 10 cm.

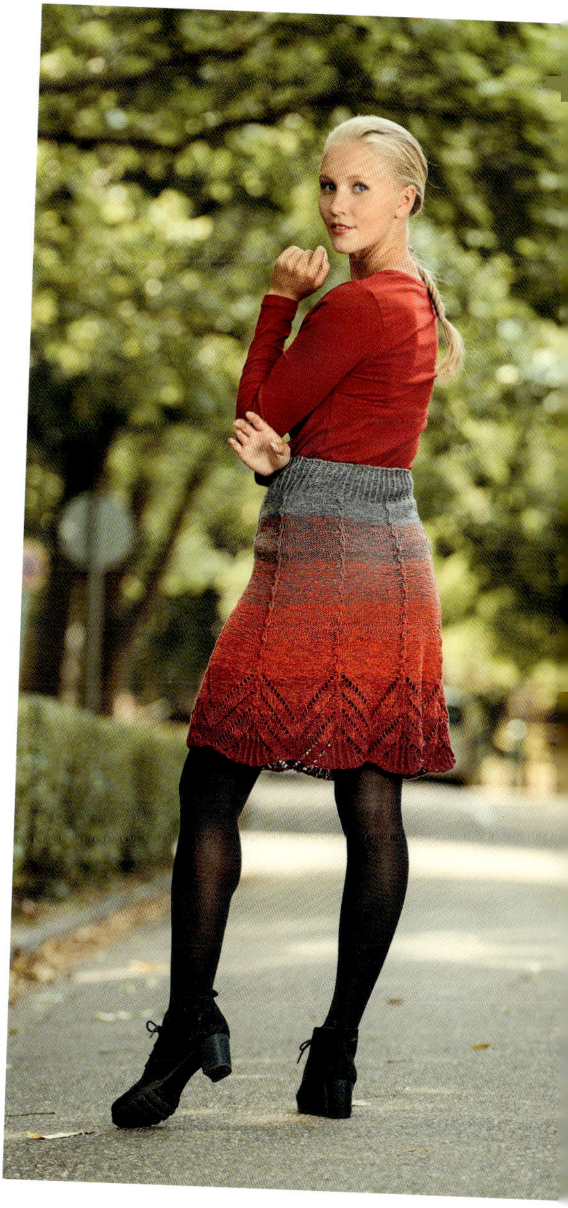

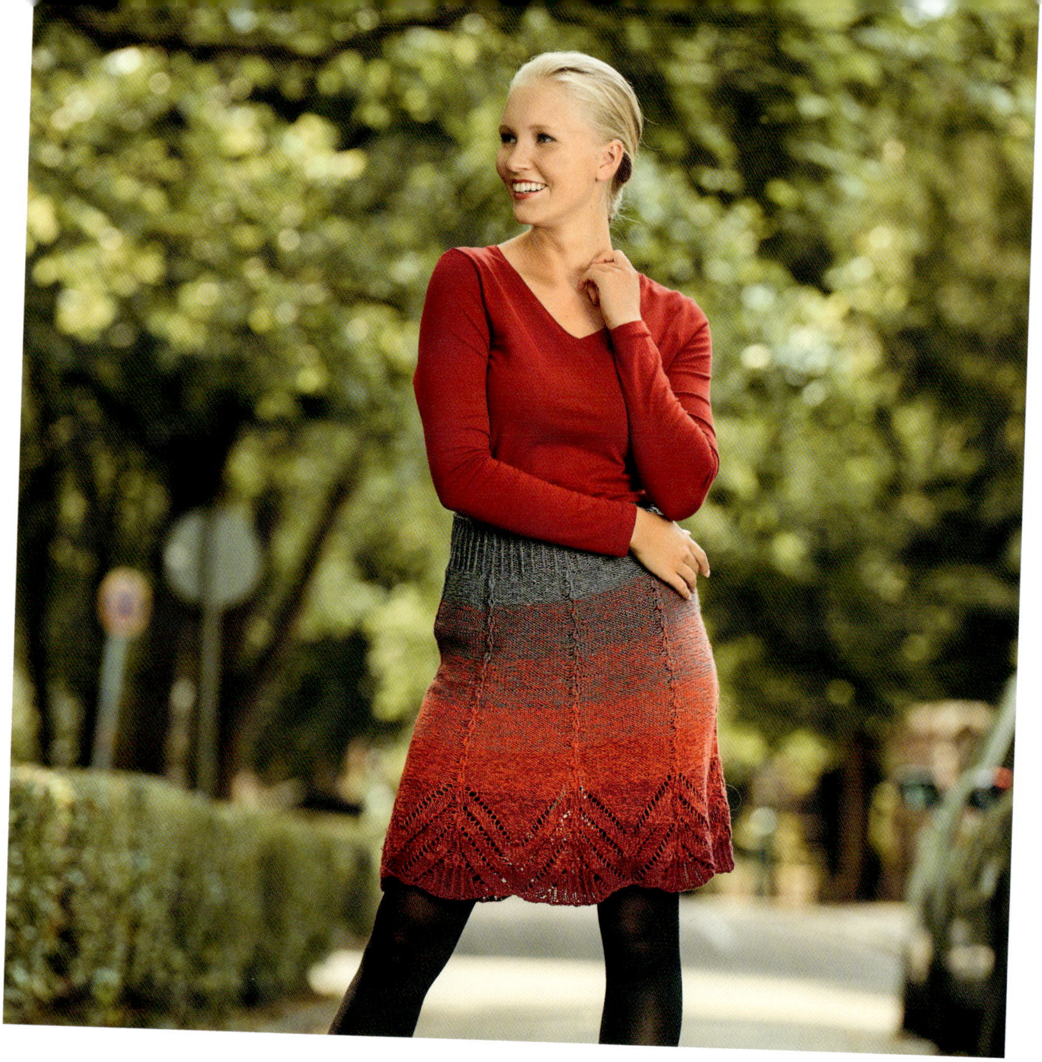

SO WIRD'S GEMACHT

168 (189) 210 M anschlagen, zur Runde schließen und für den Bund 18 Runden im Bundmuster stricken. Dann im Grundmuster weiterarbeiten, dabei den Mustersatz 8 (9) 10 x wiederholen. Zunächst die 1.–8. Runde 4 (6) 8 x wiederholen, dann die 9.–106. Runde 1 x arbeiten. Dabei die Zunahmen durch Umschläge wie eingezeichnet arbeiten = 33 M je Mustersatz.
Nach der 106. Runde alle M locker abketten, wie sie erscheinen.

Fertigstellung

Durch den Taillenbund 3 Gummifäden einziehen.

Zeichenerklärung

Leere Kästchen haben keine Bedeutung – sie dienen der besseren Übersicht

U = 1 Umschlag – in der folgenden Runde 1 Masche links stricken

U = 1 Umschlag – in der folgenden Runde 1 Masche rechts stricken

|U| = aus 1 Masche insgesamt 3 Maschen herausstricken (= 1 Masche rechts, 1 Umschlag und 1 Masche rechts)

Restliche Zeichen siehe rückwärtige Klappe

Strickschrift

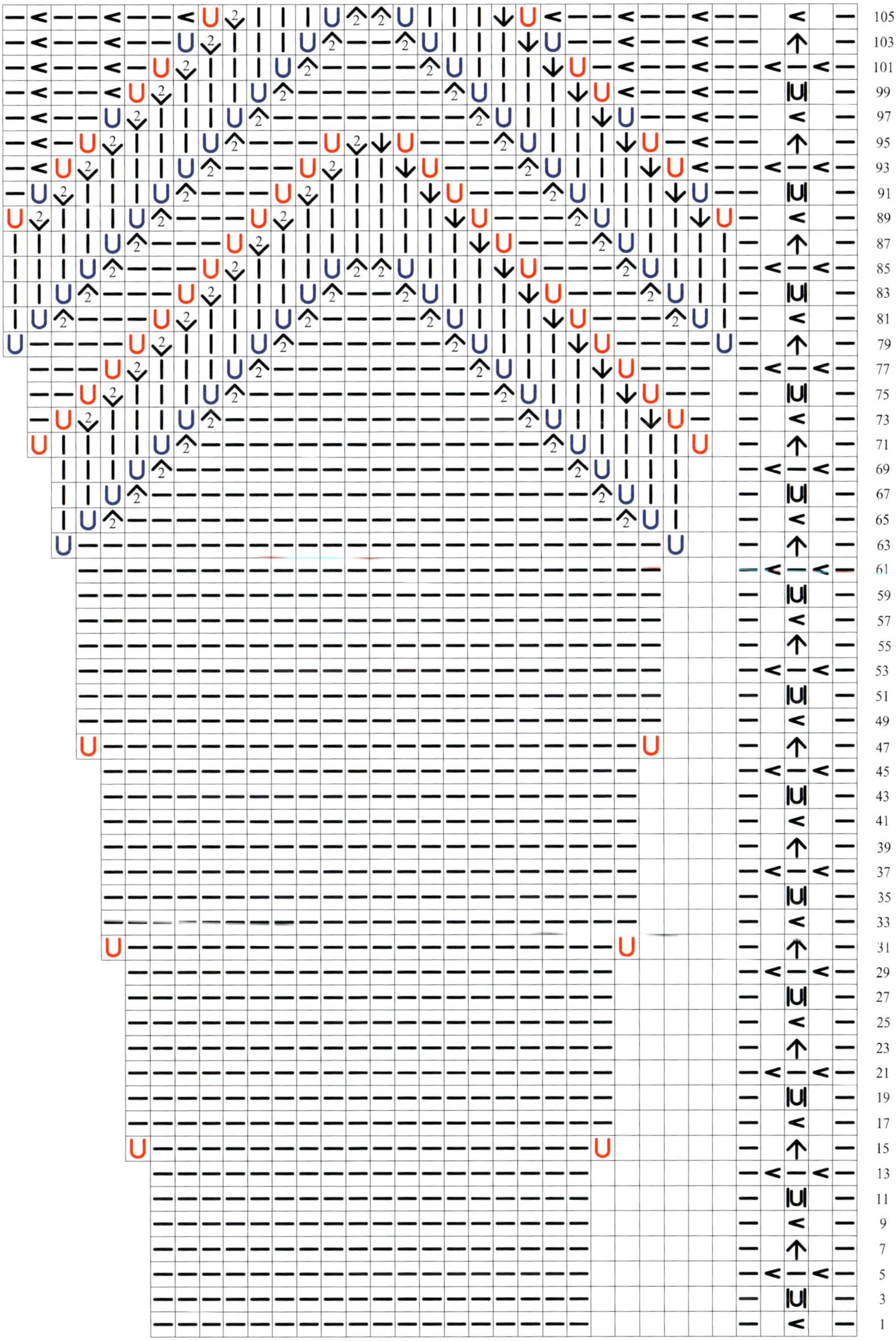

TUCH

BURGOS

Größe: ca. 220 x 80 cm

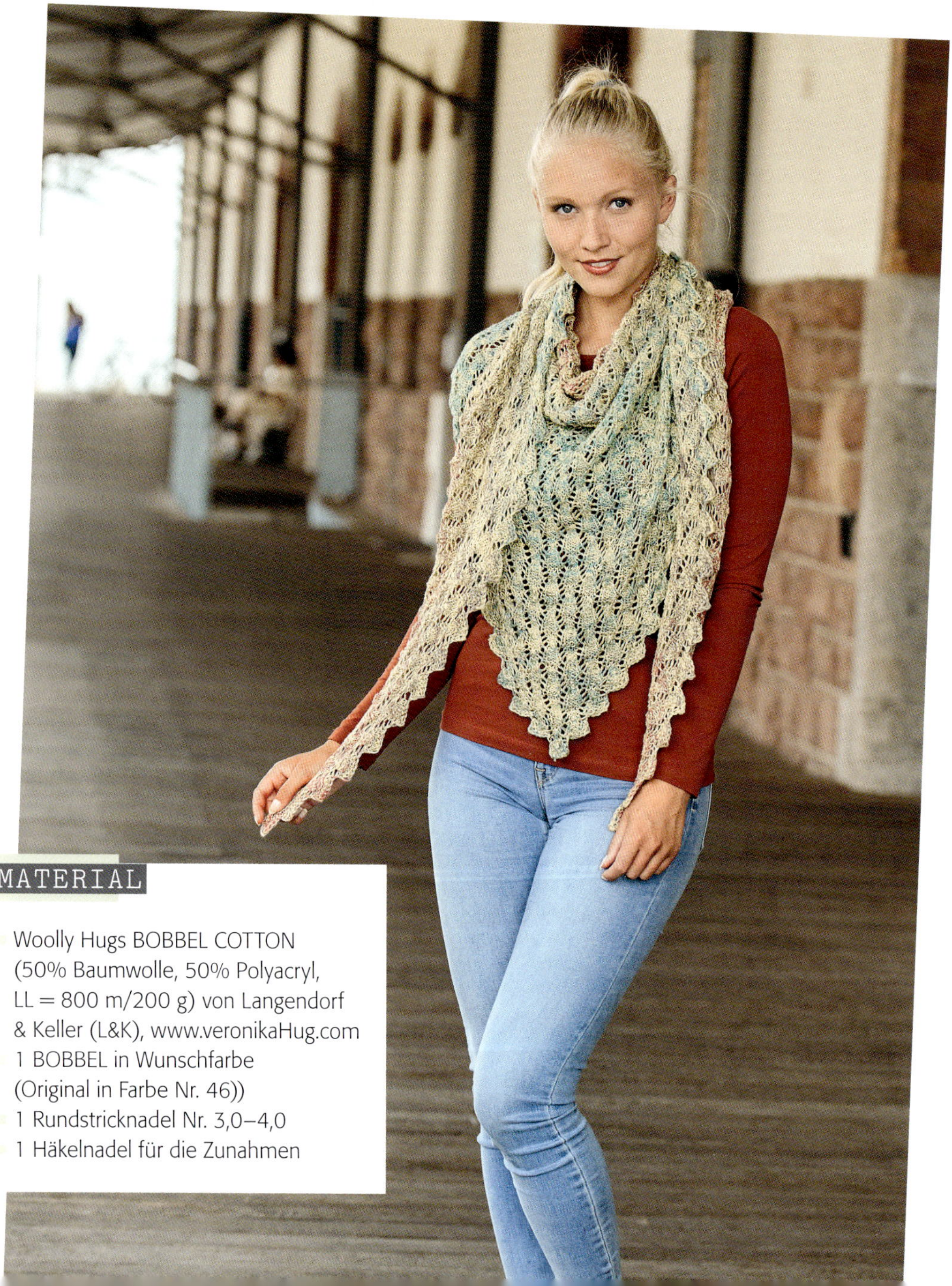

MATERIAL

- Woolly Hugs BOBBEL COTTON (50% Baumwolle, 50% Polyacryl, LL = 800 m/200 g) von Langendorf & Keller (L&K), www.veronikaHug.com
- 1 BOBBEL in Wunschfarbe (Original in Farbe Nr. 46))
- 1 Rundstricknadel Nr. 3,0–4,0
- 1 Häkelnadel für die Zunahmen

MUSTER

Zur Anleitung gibt es als Unterstützung ein ähnliches Video auf YouTube, damit man sehen kann, wie die Zunahmen rechts und links mit der Häkelnadel gearbeitet werden. Das Muster ist jedoch unterschiedlich: https://youtu.be/FOP_ihux8e0

Maschenprobe glatt rechts
22 Maschen (M) und 32 Runden = 10 x 10 cm.

SO WIRD'S GEMACHT

An der unteren Spitze beginnend 7 M anschlagen und die 1. Reihe (= Rückreihe) wie folgt stricken: Randmasche abheben, 5 M rechts, Randmasche rechts stricken. Die **2.–5. Reihe** genauso stricken. Mit Beginn der 6. Reihe (= Hinreihe) werden am rechten Tuchrand 5 M zugenommen. Dafür die Randmasche auf die Häkelnadel legen und dabei den Arbeitsfaden auf der Nadel liegen lassen. * Mit der Häkelnadel unter der Stricknadel durch den Faden von oben kommend holen und durch die Randmasche ziehen. Der Arbeitsfaden auf der Nadel bildet dadurch die 1. Zunahme. Nun den Arbeitsfaden wieder hinter die Stricknadel legen und ab * noch 4 x wiederholen. Danach die Randmasche wieder auf die Stricknadel legen. Es sind nun 12 M in Arbeit. **6. Reihe:** Randmasche abheben, 5 M rechts stricken, dabei jeweils wie zur rechts verschränkten M einstechen, 1 Umschlag, 1 M rechts, 1 doppelter Überzug (= 1 M abheben, die folgenden 2 M rechts zusammenstricken, dann die abgehobene M darüber ziehen), 1 M rechts, 1 Umschlag, Randmasche rechts. Mit Beginn der 7. Reihe (= Rückreihe) werden am linken Tuchrand 5 M zugenommen, wie am rechten Tuchrand beschrieben = 17 Maschen. **7. Reihe:** Randmasche abheben, 5 M rechts stricken, dabei jeweils wie zur rechts verschränkten M einstechen, 5 M links, 5 M rechts, Randmasche rechts. Nun die 8.–25. Reihe laut Strickschrift arbeiten. Anschließend die 14.–25. Reihe stets wiederholen, bis die Wunschgröße erreicht ist (bzw. bis der BOBBEL fast zu Ende ist). Die M in der rot unterlegten Fläche bilden einen Mustersatz. In jeder Reihe mit den M vor dem Mustersatz beginnen, den Mustersatz stets wiederholen, enden mit den M nach dem Mustersatz. Abschließend noch 6 Reihen über alle M in Hin- und Rückreihen nur rechte M stricken und anschließend die M locker (!) abketten.

Strickschrift

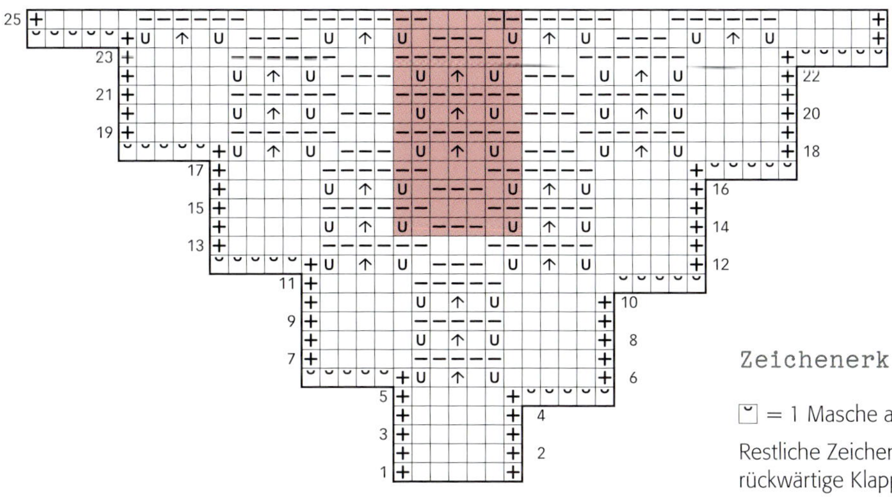

Zeichenerklärung

◡ = 1 Masche aufschlingen

Restliche Zeichen siehe rückwärtige Klappe

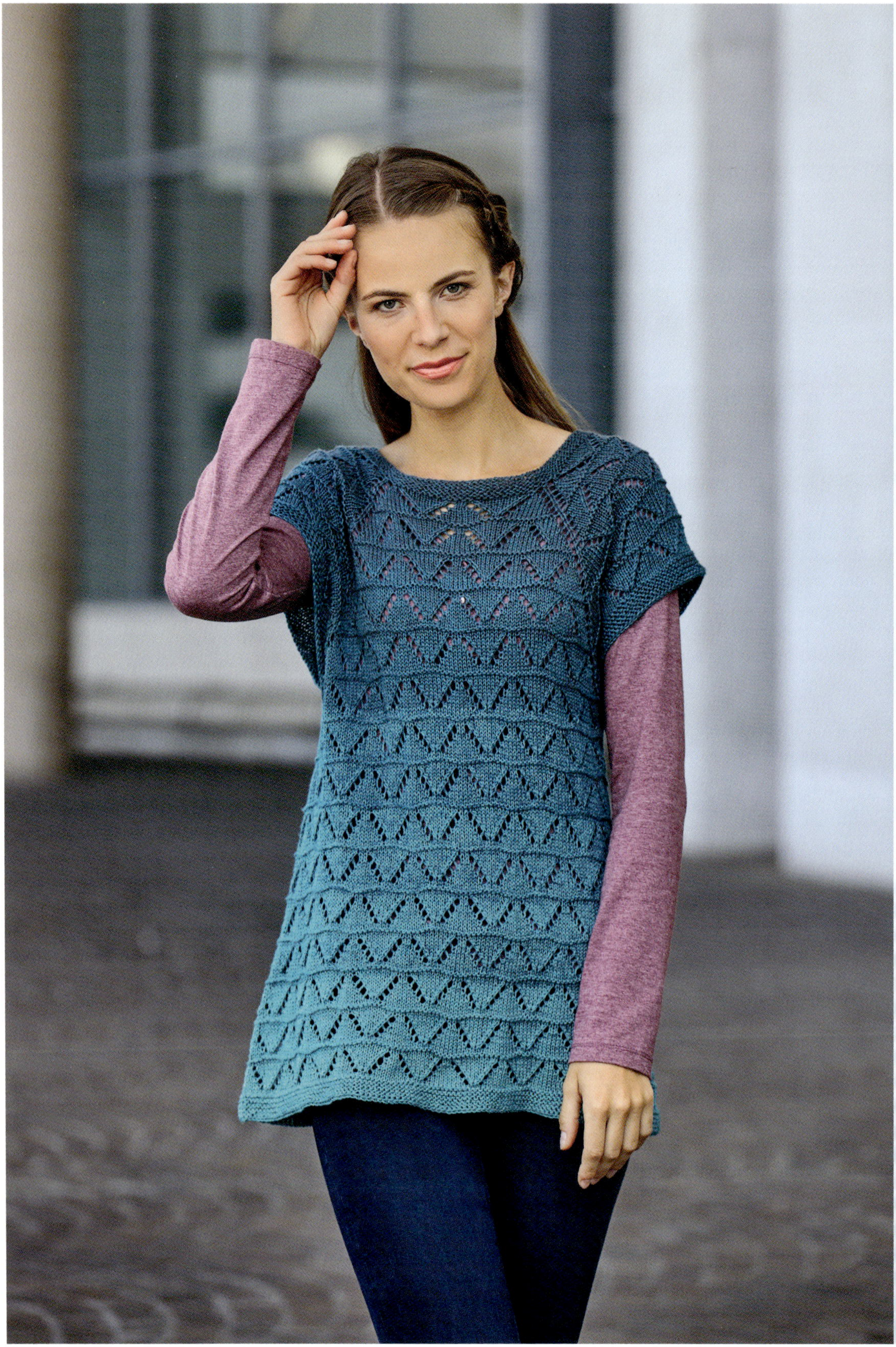

RAGLANPULLI LEÓN

Größe: 36–40 (42–46) 48–52

MATERIAL

- Woolly Hugs BOBBEL COTTON XXL (50 % Baumwolle, 50 % Polyacryl, Lauflänge ca. 1000 m/250 g) von L&K (www.VeronikaHug.com):
- 1 (2) 2 BOBBEL in Wunschfarbe (Original in Farbe 604)
- 1 Rundstricknadel Nr. 3,0–4,0
- 4 Maschenmarkierer

MUSTER

Kraus rechts in Runden
Abwechselnd 1 Runde rechte Maschen und 1 Runde linke Maschen stricken

Glatt rechts in Runden
Alle Maschen rechts stricken.

Ajourmuster
Die Maschenzahl muss durch 12 teilbar sein. Laut Strickschrift in Runden arbeiten. Es sind alle ungeraden Runden gezeichnet. In allen nicht gezeichneten Runden die Maschen rechts stricken. 1 Mustersatz = 12 Maschen und 24 Runden. Mit den Maschen vor dem Mustersatz beginnen, den Mustersatz stets wiederholen und enden mit den Maschen nach dem Mustersatz.

Maschenprobe glatt rechts
22 Maschen (M) und 32 Runden = 10 x 10 cm.

SO WIRD'S GEMACHT

Der BOBBEL wird von außen abgestrickt. Bei den größeren Größen nach Ende des 1. BOBBELs den 2. BOBBEL farbgleich anstricken. Am oberen Halsausschnitt beginnend mit der Rundstricknadel 100 M anschlagen und zur Runde schließen. 10 Runden kraus rechts stricken.

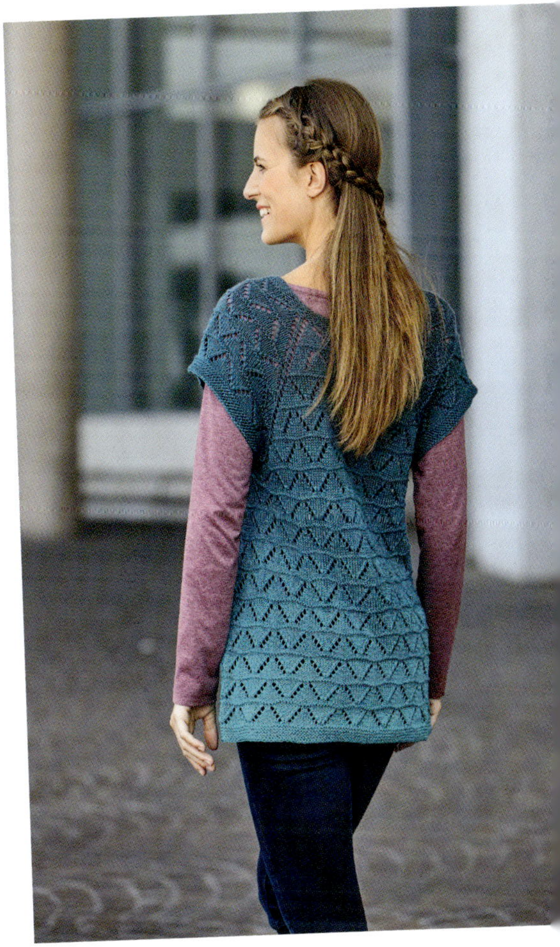

Dann mit folgender Aufteilung stricken: 24 M am rechten Ärmel, 1 M markieren, 24 M am Vorderteil, 1 M markieren, 24 M am linken Ärmel, 1 M markieren, 24 M am Rückenteil und 1 M markieren. Jeweils 24 M im Ajourmuster stricken. Die M innerhalb der rot unterlegten Fläche bilden einen Mustersatz. Mit den M vor dem Mustersatz beginnen, den farbig gezeichneten Mustersatz 2 x stricken und enden mit den M nach dem Mustersatz. Die markierten M stets rechts stricken. Die 1.–24. Runde 2 (3) 3 x stricken, dann die 1.–12. Runde noch 1 (0) 1 x stricken = 60 (72) 84 Runden. Dabei für die Raglanzunahmen in jeder 2. Runde beidseits der markierten M 1 Umschlag laut Strickschrift arbeiten und diese Zunahmen in das Ajourmuster einfügen = 340 (388) 436 M. In den nächsten 10 Runden an den Ärmeln für das Ärmelbündchen zwischen den markierten M die M kraus rechts stricken und am Vorder- und Rückenteil das Muster laut Strickschrift fortführen. An den Ärmelbündchen nun keine Zunahmen mehr stricken. Die Zunahmen am Vorder- und Rückenteil laut Strickschrift fortsetzen = 360 (408) 456 M. Nach der letzten Reihe des Ärmelbündchens jeweils die 84 (96) 108 Ärmelmaschen abketten und die M des Vorder- und Rückenteils, sowie alle markierten Maschen für das Unterteil zur Runde zusammenführen = 192 (216) 240 M. Ab hier das Ajourmuster nur über vollständige Mustersätze fortführen, die restlichen M glatt rechts stricken. Für die seitlichen Schrägungen die Zunahmen an den Markierungen vom Oberteil (es sind jeweils 2 M pro Seite markiert) am Unterteil wie folgt fortführen: Beidseits der Markierungen 14 x in jeder 8. Runde je 1 M rechts verschränkt aus dem Querfaden herausstricken = 248 (272) 296 M. Nach ca. 42 (40) 38 cm ab Beginn des Unterteiles oder in Wunschlänge noch 10 Runden kraus rechts stricken und alle M locker abketten.

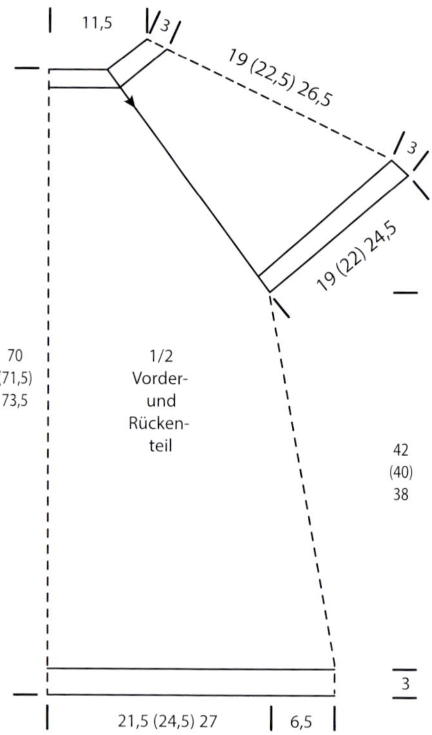

Strickschrift

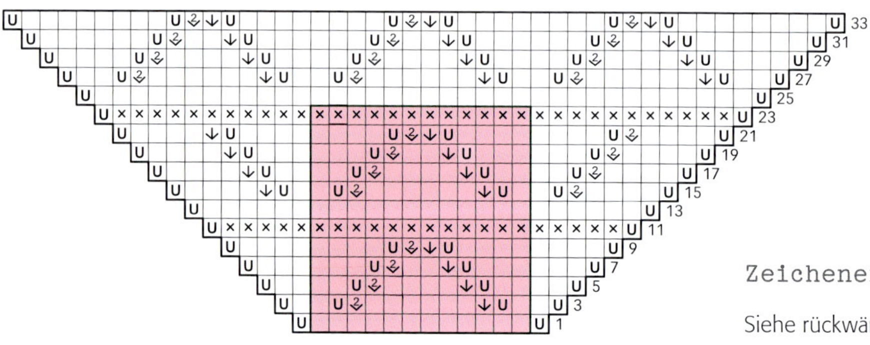

Zeichenerklärung

Siehe rückwärtige Klappe

RAGLANKLEID
VIANA

Größe: 36–40 (42–46) 48–52

MATERIAL

- Woolly Hugs BOBBEL COTTON XXL (50 % Baumwolle, 50 % Polyacryl, Lauflänge ca. 1000 m/250 g) von L&K (www.VeronikaHug.com):
- 1 (2) 2 BOBBEL in Wunschfarbe (Original in Farbe Nr. 602)
- 1 Rundstricknadel Nr. 3,0–4,0
- 4 Maschenmarkierer

MUSTER

Kraus rechts in Runden, Glatt rechts, Ajourmuster, Maschenprobe und Schnitt: siehe Raglanpulli León auf Seite 27. Beim Schnitt wird die untere Blende erst nach ca. 58 cm ab Beginn des Unterteils gearbeitet.

SO WIRD'S GEMACHT

Wie beim Raglanpulli beginnen und bis zum Beginn des Unterteils genauso arbeiten. Für die seitliche Schräge beidseits der Markierungen 14 x in jeder 12. Runde je 1 M rechts verschränkt aus dem Querfaden herausstricken. Dazwischen nach 37,5 cm = 120 Runden Ajourmuster über alle M glatt rechts weiterstricken. Nach ca. 58 cm ab Beginn des Unterteils oder in Wunschlänge noch 10 Runden kraus rechts stricken und alle M abketten.

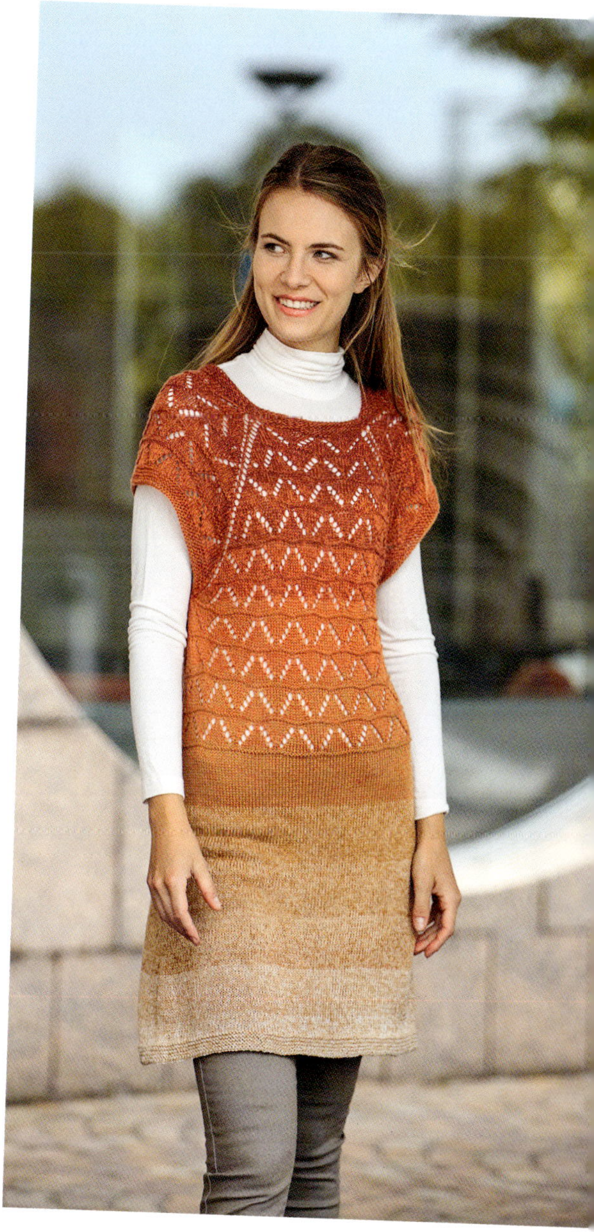

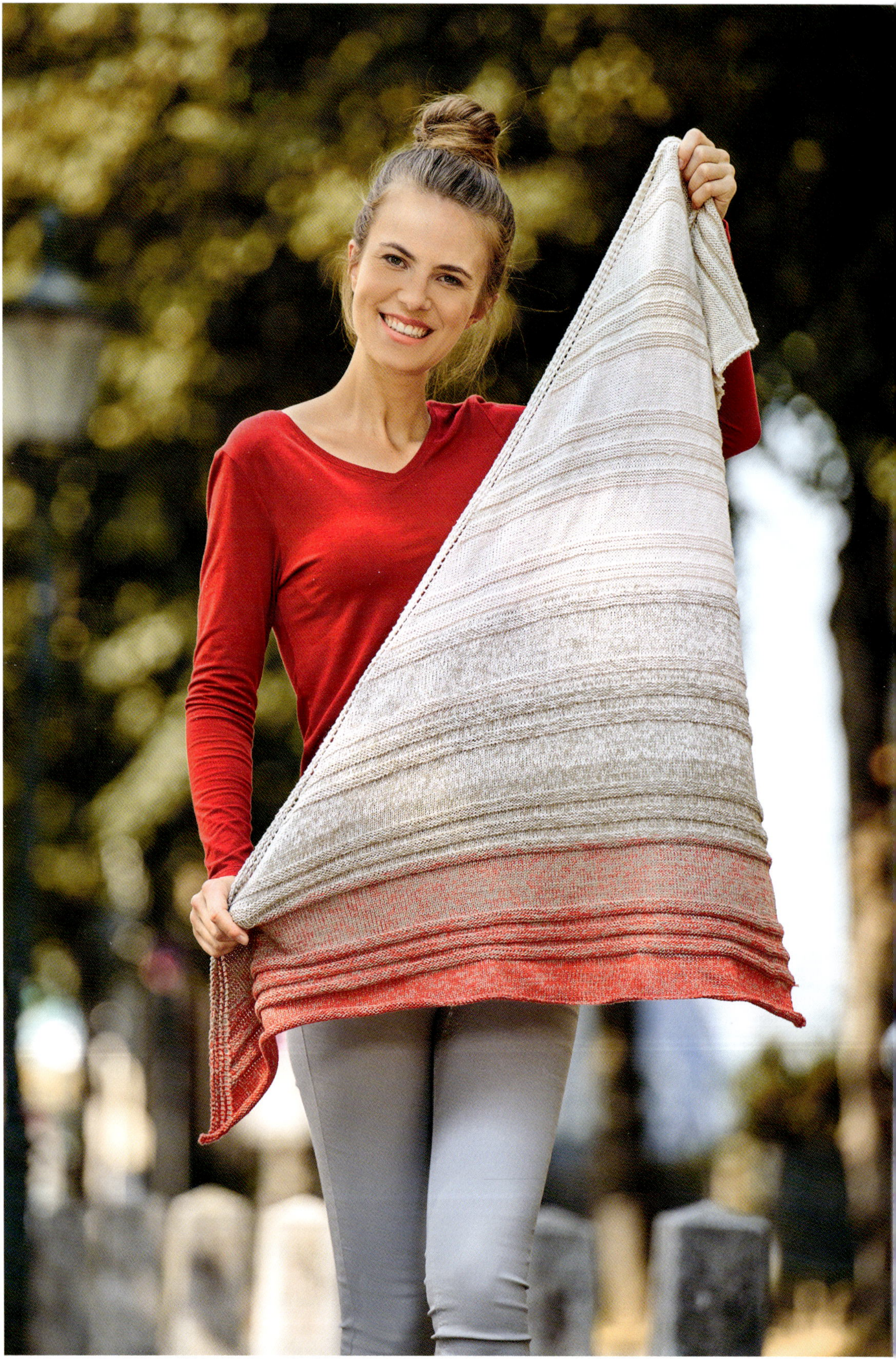

TUCH
RIBADISO

Größe: ca. 160 x 75 cm

MATERIAL

- Woolly Hugs BOBBEL COTTON (50% Baumwolle, 50% Polyacryl, Lauflänge ca. 800 m/200 g) von L&K (www.VeronikaHug.com):
- 1 BOBBEL in Wunschfarbe (Original in Farbe Nr. 50)
- 1 lange Rundstricknadel Nr. 3,0–4,0

MUSTER

Randmasche
Zu Beginn der Arbeit die Randmasche stets abheben, dabei den Faden vor der Arbeit mitführen und nach dem Abheben hinter die Arbeit legen. Am Ende der Reihe die Randmasche stets rechts stricken.

Glatt rechts
In den Hinreihen rechte, in den Rückreihen linke Maschen stricken.

Glatt links
In den Hinreihen linke, in den Rückreihen rechte Maschen stricken.

Streifenfolge
* 21 Reihen glatt rechts, je 5 Reihen glatt links, glatt rechts, glatt links, glatt rechts und glatt links, die 46 Reihen ab * stets wiederholen.

Maschenprobe glatt rechts
21 Maschen (M) und 31 Reihen = 10 x 10 cm.

SO WIRD'S GEMACHT

4 M anschlagen und in der folgenden Rückreihe alle M links stricken. **1. Reihe:** Randmasche, 1 M rechts, 1 Umschlag, 1 M rechts, Randmasche; **2. und alle geraden Reihen:** Zwischen den Randmaschen alle M links stricken; **3. Reihe:** Randmasche, 1 M rechts, 1 Umschlag, 2 M rechts zusammenstricken, 1 Umschlag, Randmasche; **5. Reihe:** Randmasche; 1 M rechts, 1 Umschlag, 2 M rechts zusammenstricken, 1 Umschlag, 1 M rechts, Randmasche, **7. Reihe:** * Randmasche, 1 M rechts, 1 Umschlag, 2 M rechts zusammen stricken, 1 Umschlag, 2 M rechts zusammen stricken, 1 Umschlag, * (diese ersten 6 M stets gleich abstricken = 7 M – somit wird also in jeder Reihe 1 M zugenommen), Randmasche; **9. Reihe:** von * bis *, 1 M rechts (= 1. M in der Streifenfolge), Randmasche; **11. Reihe:** von * bis *, 2 M rechts (= 2 M in der Streifenfolge), Randmasche.
In der Folge in jeder Hinreihe nach den ersten 6 M die restlichen M bis zur Randmasche in der Streifenfolge stricken. Die M der Streifenfolge erweitern sich in jeder Hinreihe um 1 M.
Auf diese Weise stricken, bis der BOBBEL fast zu Ende ist. Möglichst bei der Streifenfolge mit 5 Reihen glatt links enden. Dann alle M locker (!) abketten.

TUCH BARBADELO

Größe: ca. 210 x 105 cm

MATERIAL

- Woolly Hugs BOBBEL MIRROR (50% Baumwolle, 50% Polyacryl, Lauflänge ca. 800 m/200 g) von L&K (www.VeronikaHug.com):
- 2 BOBBEL in Wunschfarbe (Original in Farbe Nr. 404)
- 1 lange Rundstricknadel Nr. 3,0–4,0
- 1 Häkelnadel (zum Abhäkeln der Maschen)
- 1 Maschenmarkierer

MUSTER

Grundmuster

Laut Strickschrift arbeiten. Es sind nur die Hinreihen gezeichnet. In den Rückreihen die Maschen stricken, wie sie erscheinen, Umschläge links stricken, kraus rechts gestrickte Maschen in den Rückreihen ebenfalls rechts stricken.

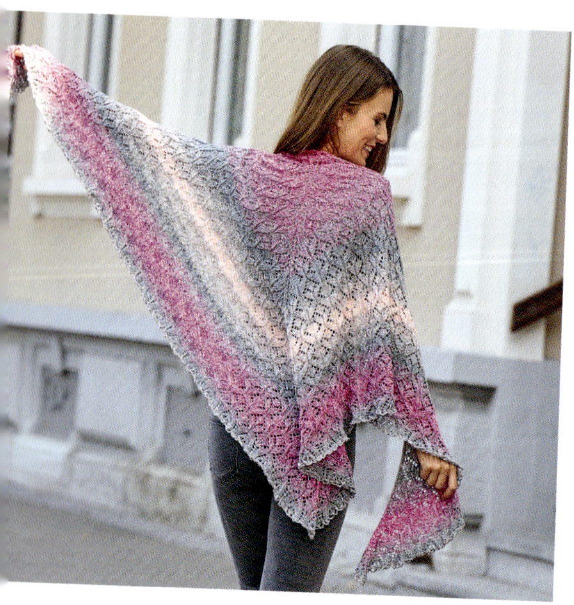

Maschenprobe im Grundmuster

20 Maschen (M) und 29 Reihen = 10 x 10 cm.

SO WIRD'S GEMACHT

An der oberen Nackenmitte beginnend 15 M anschlagen und 1 Rückreihe linke M stricken. Dann mit der **1. Reihe** (= Hinreihe) der Strickschrift beginnen: Randmasche, 3 M kraus rechts (= rechts stricken), 1 M rechts, 1 Umschlag, 1 M rechts, 1 Umschlag, 1 M rechts, 1 M links (= Mittel-M – diese evtl. markieren), 1 M rechts, 1 Umschlag, 1 M rechts, 1 Umschlag, 1 M rechts, 3 M kraus rechts, Randmasche.
Dann die Arbeit wenden und die **2. Reihe** = Rückreihe) arbeiten: Randmasche, 3 M rechts, 5 M links, 1 M rechts, 5 M links, 3 M rechts, Randmasche.
Nun die 3.–36. Reihe der Strickschrift zunächst 1 x arbeiten, dabei die M ab der Mittel-M stets gegengleich (= gespiegelt) abstricken. Dabei werden aus 2 zusammen gestrickten M 1 einfacher Überzug und umgekehrt. Zum besseren Verständnis sind bis zur 17. Reihe noch alle M gezeichnet.
Anschließend die **17.–36. Reihe** stets wiederholen, dabei die Zunahmen beidseitig sinngemäß fortsetzen. Ab der 17. Reihe sind rechts und links der Mittel-M jeweils 2 Flächen rot unterlegt. Diese 12 M bilden jeweils den Mustersatz. In jeder Reihe mit den M vor dem rechten Mustersatz beginnen, diesen Mustersatz mit der Erweiterung des Tuches stets wiederholen, dann die M nach der roten Fläche bis zur Mittel-M arbeiten und nach der Mittel-M das Muster gegengleich beenden.
Ist der 1. BOBBEL aufgebraucht, mit dem 2. BOBBEL bis zur Wunschgröße weiterarbeiten.

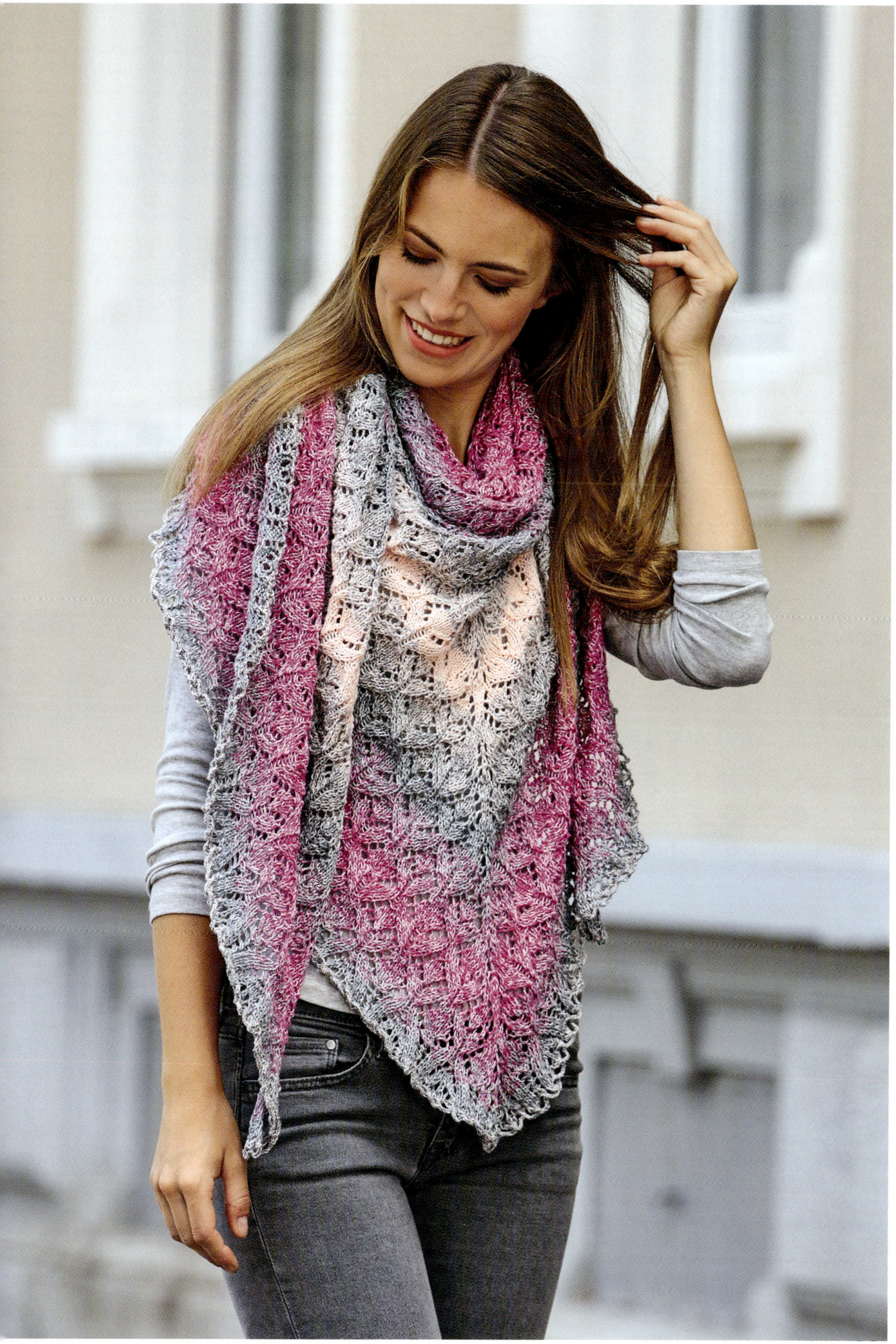

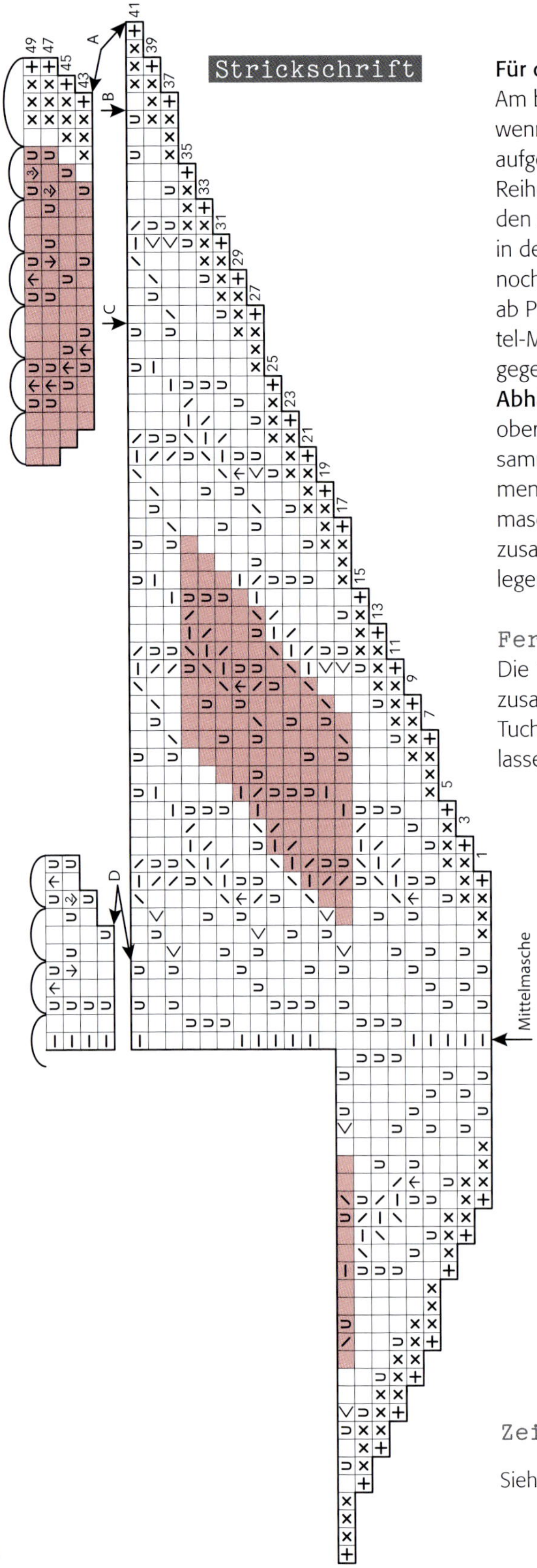

Strickschrift

Für die Spitze laut Strickschrift weiterarbeiten. Am besten lässt sich die Spitze aufstricken, wenn nach einer 36. Reihe die **37.–42. Reihe** aufgestrickt wird. Anschließend die 43.–50. Reihe der 2. Strickschrift aufstricken, dabei mit den 5 M nach Pfeil A beginnen. Dann die 12 M in der roten Fläche stets wiederholen, bis nur noch 4 M vor der Mittel-M liegen. Dann die 4 M ab Pfeil D bis zur Mittel-M 1 x stricken, die Mittel-M arbeiten und anschließend die Reihe gegengleich beenden.

Abhäkeln: Nach 8 Reihen Spitzenhöhe die am oberen Ende der Strickschrift 2 mit Bogen zusammengefassten M auf die Häkelnadel nehmen und den Faden durchziehen, dann 5 Luftmaschen häkeln und die nächsten zusammengefassten M auf die Häkelnadel legen.

Fertigstellung

Die 15 Anschlag-M mit dem Anfangsfaden zusammenziehen und diesen vernähen. Das Tuch leicht spannen, anfeuchten und trocknen lassen.

Zeichenerklärung

Siehe rückwärtige Klappe

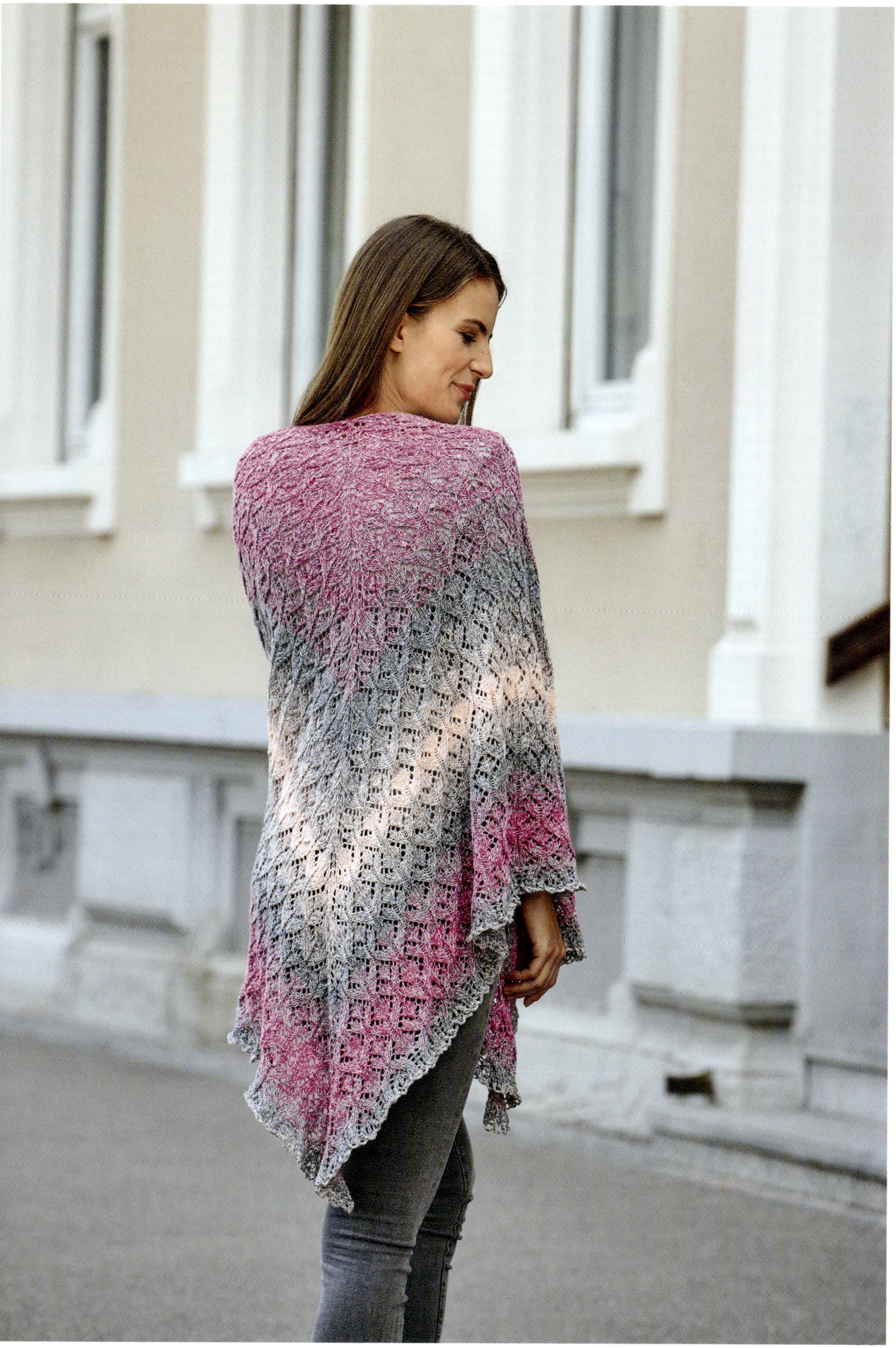

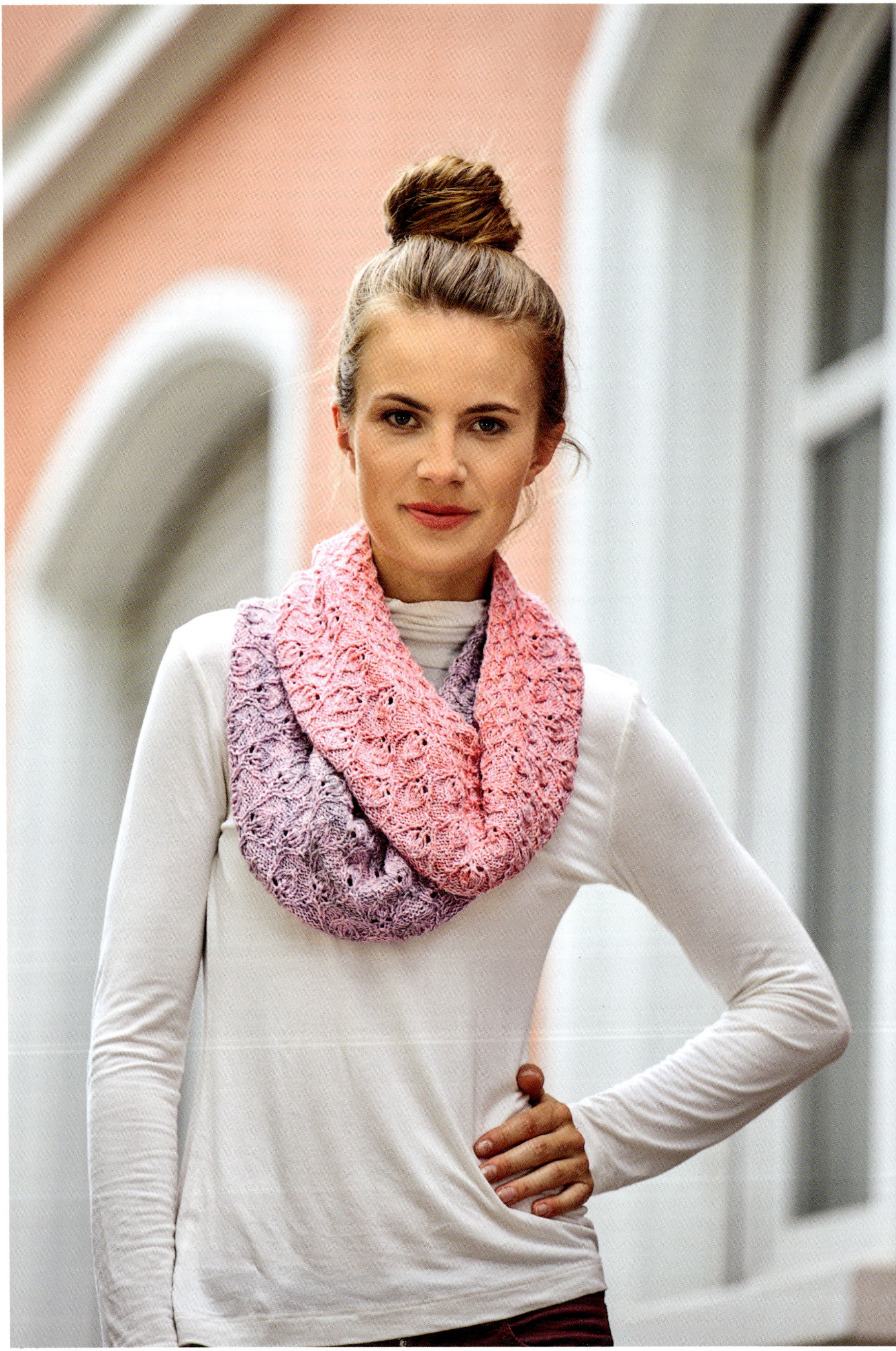

LOOPS ASTORGA

Größe: 1. Loop: 70 cm Umfang, 35 cm hoch
Größe: 2. Loop: 70 cm Umfang, Höhe individuell

MATERIAL

- Woolly Hugs BOBBEL COTTON (50% Baumwolle, 50% Polyacryl, Lauflänge ca. 800 m/200 g) von L&K (www.VeronikaHug.com):
- 1 BOBBEL in Wunschfarbe (Original in Farbe Nr. 44)
- Rundstricknadel Nr. 3,0–4,0
- 2 Zopfnadeln

MUSTER

Blendenmuster

Die Maschenzahl muss durch 5 teilbar sein. Laut Strickschrift 1 in Runden arbeiten. Es sind nur die ungeraden Runden gezeichnet. In den geraden Runden alle Maschen stricken, wie sie erscheinen. In der Breite den Mustersatz (MS) und in der Höhe die 1.–8. Runde stets wiederholen.

Zopf-Ajourmuster

Die Maschenzahl muss durch 10 teilbar sein. Laut Strickschrift 2 in Runden arbeiten. Es sind nur die ungeraden Runden gezeichnet. In den geraden Runden alle Maschen stricken, wie sie erscheinen, die Umschläge rechts stricken. In der Breite den MS und in der Höhe die 1.–22. Runde 1 x arbeiten, danach die 3.–22. Runde stets wiederholen.

Maschenprobe im Durchschnitt

22 Maschen (M) und 32 Runden = 10 x 10 cm.

Hinweis: Je nach Farbwunsch kann nur 1 Loop getragen oder beide Loops übereinander getragen werden.

SO WIRD'S GEMACHT

1. LOOP

180 M anschlagen, zur Runde schließen und für die untere Blende 18 Runden im Blendenmuster stricken (= die 1.–8. Runde 2 x arbeiten, enden mit der 1. und 2. Runde). Anschließend 25 cm im Zopf-Ajourmuster stricken und für die obere Blende nochmals 18 Runden im Blendenmuster arbeiten. Dann alle M locker abketten.

2. LOOP

Genauso arbeiten, bzw. um den BOBBEL komplett zu verbrauchen, das Zopf-Ajourmuster so lange stricken, bis noch genügend Garn für die 18 Runden der oberen Blende und die Abkettrunde übrig ist.

Fertigstellung

Die Loops leicht spannen, anfeuchten und trocknen lassen.

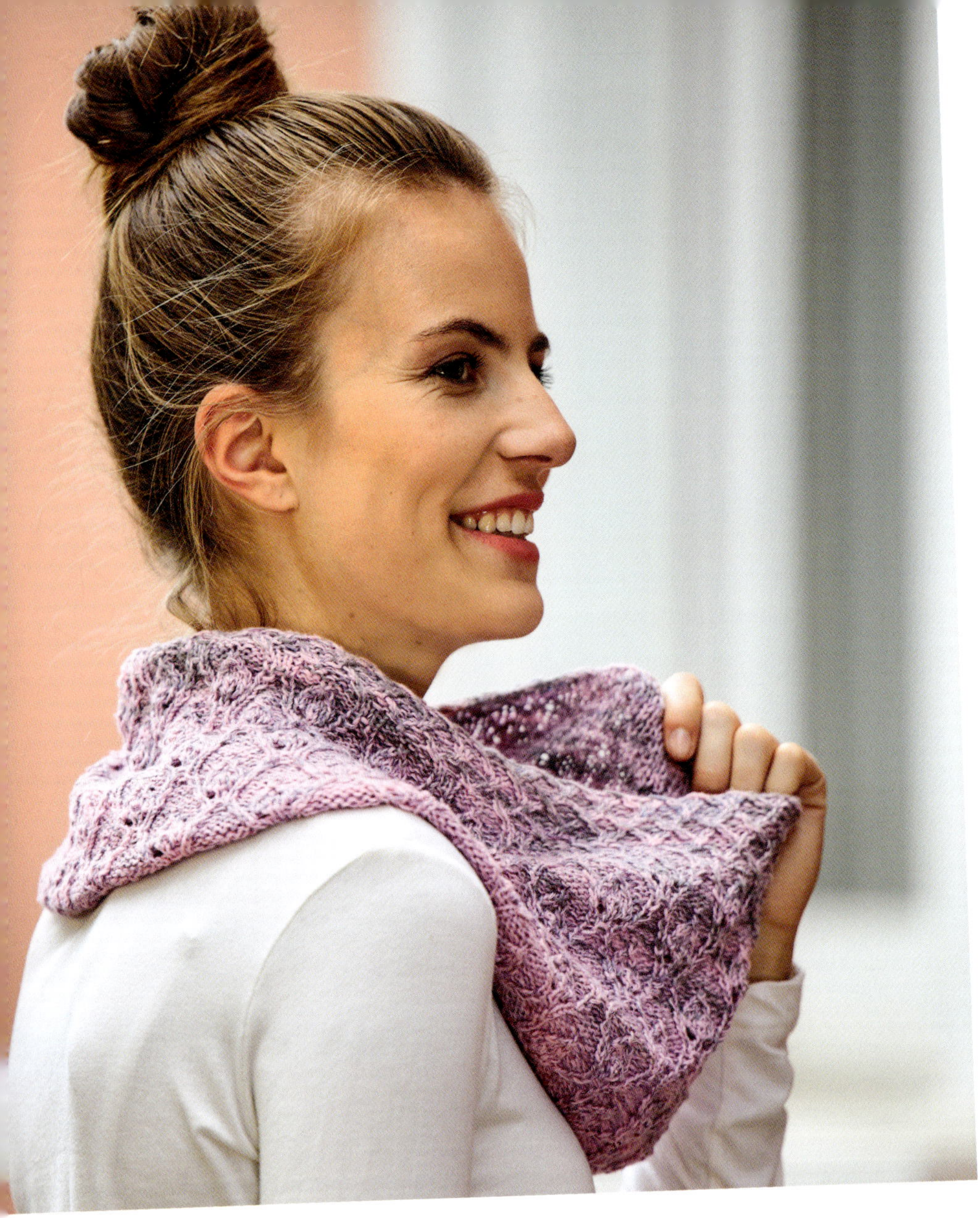

Strickschrift 2

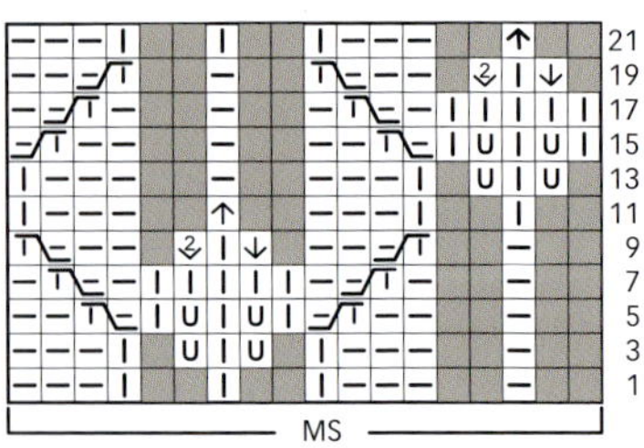

Strickschrift 1

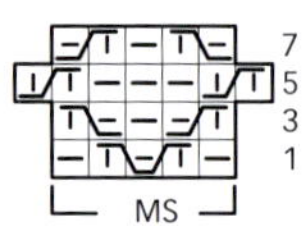

Zeichenerklärung

Siehe rückwärtige Klappe

TUCH
PONFERRADA

Größe: ca. 200 x 95 cm

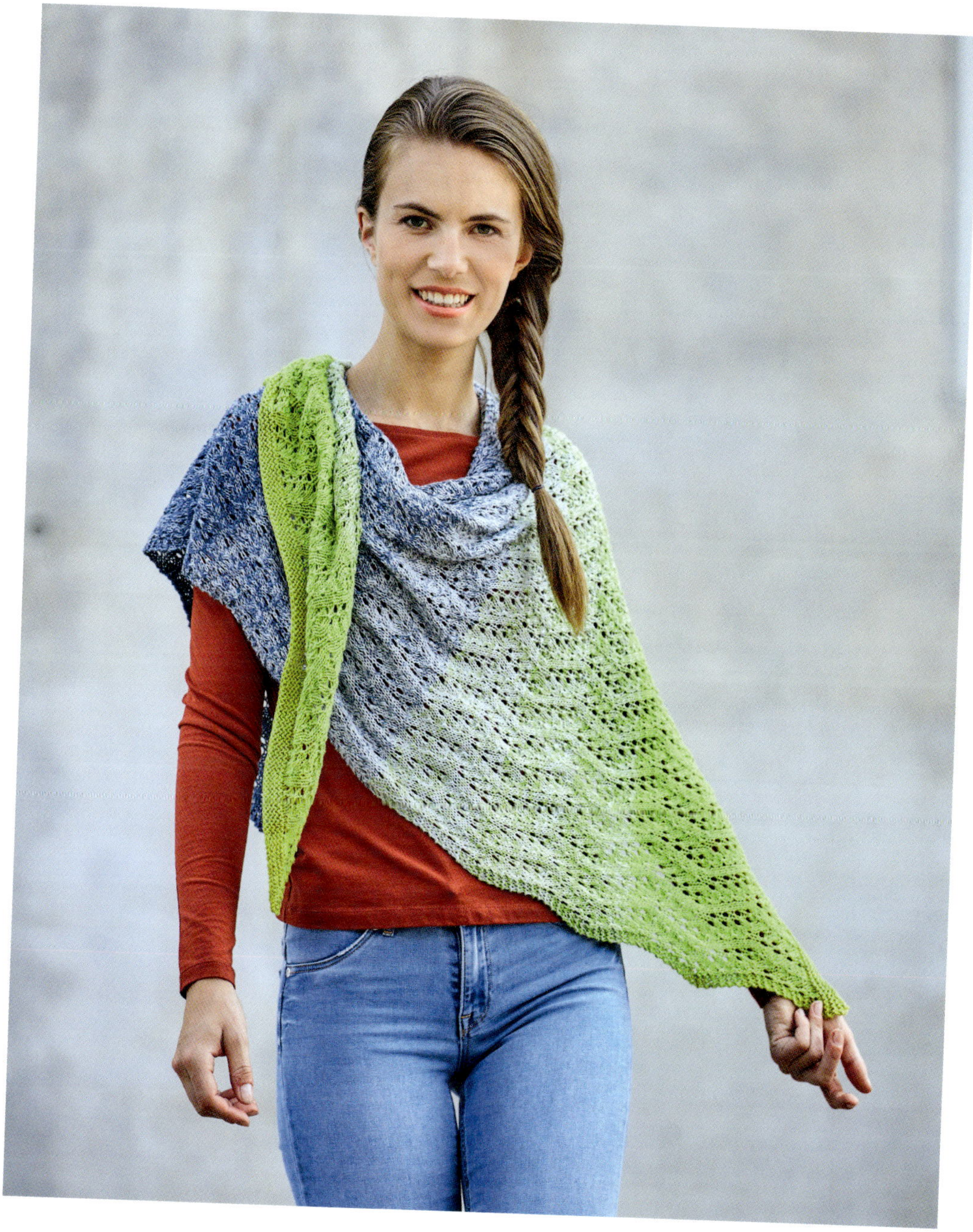

MATERIAL

- Woolly Hugs BOBBEL COTTON (50% Baumwolle, 50% Polyacryl, Lauflänge ca. 800 m/200 g) von L&K (www.VeronikaHug.com):
- 1 BOBBEL in Wunschfarbe (Original in Farbe Nr. 41)
- Stricknadeln Nr. 3,0–4,0

MUSTER

Randmaschen

In den Hinreihen (an der geraden Kante) am Reihenanfang links abheben (Faden vor der Arbeit), am Reihenende rechts stricken. In den Rückreihen am Reihenanfang (an der schrägen Kante) und am Reihenende rechts abstricken.

Hinweis: Sollte sich die Kante an der Schrägung zusammenziehen, die Randmasche nach dem Abstricken etwas langziehen.

Maschenprobe im Grundmuster

20 Maschen (M) und 29 Reihen = 10 x 10 cm.

SO WIRD'S GEMACHT

An der unteren Spitze beginnend 5 M anschlagen und 1 Rückreihe linke M stricken. Dann laut Strickschrift weiterarbeiten. Es sind nur die Hinreihen gezeichnet. In den Rückreihen alle M stricken, wie sie erscheinen, bzw. wie in der Zeichenerklärung angegeben. Die 1.–56. Reihe 1 x arbeiten, dann die 25.–56. Reihe stets wiederholen. Die Zunahmen durch die Umschläge wie eingezeichnet ausführen und systematisch fortsetzen. Ab der 25. Reihe ist eine Fläche rot unterlegt. Diese 8 M bilden jeweils den Mustersatz. In jeder Reihe mit den M vor dem Mustersatz beginnen, diesen Mustersatz gemäß der Erweiterung des Tuches stets wiederholen, dann die M nach der roten Fläche arbeiten. Das Tuch bis zur Wunschgröße arbeiten (beim Original wurde bis zum Beginn des letzten Farbfeldes gestrickt) – dann für die Abschlussblende mit 8 Reihen kraus rechts enden und anschließend die M sehr locker (!) abketten.

Fertigstellung

Das Tuch spannen, anfeuchten und trocknen lassen.

Strickschrift

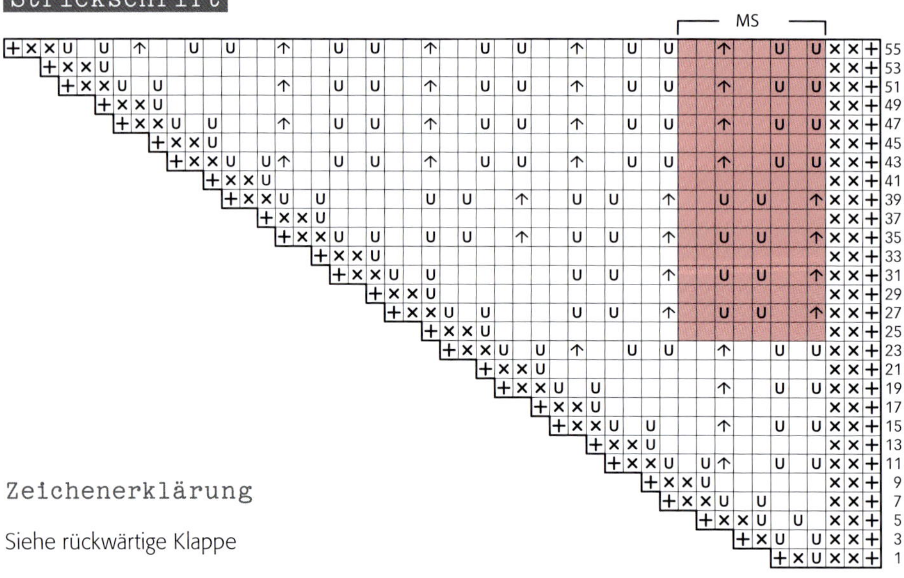

Zeichenerklärung

Siehe rückwärtige Klappe

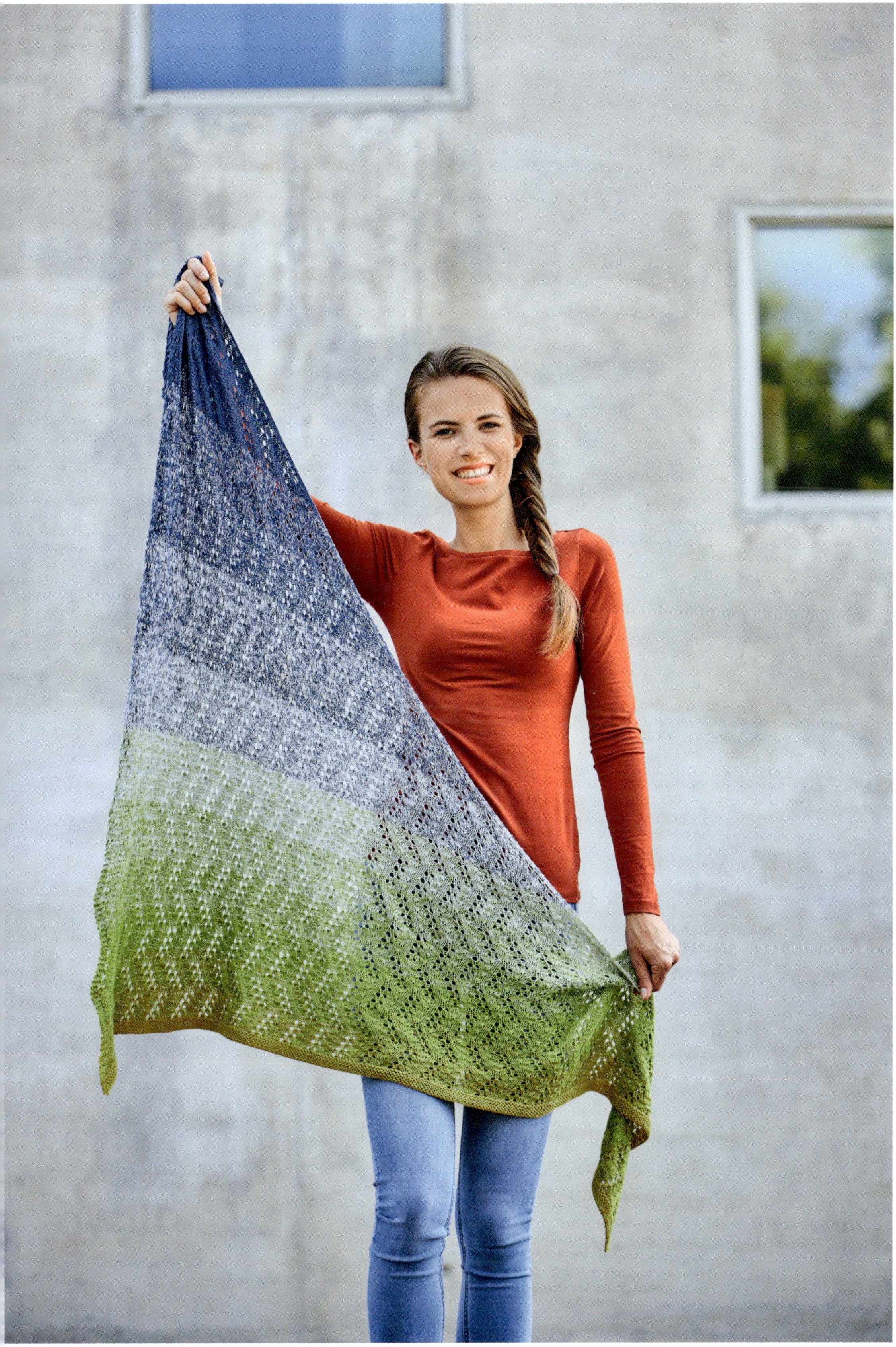

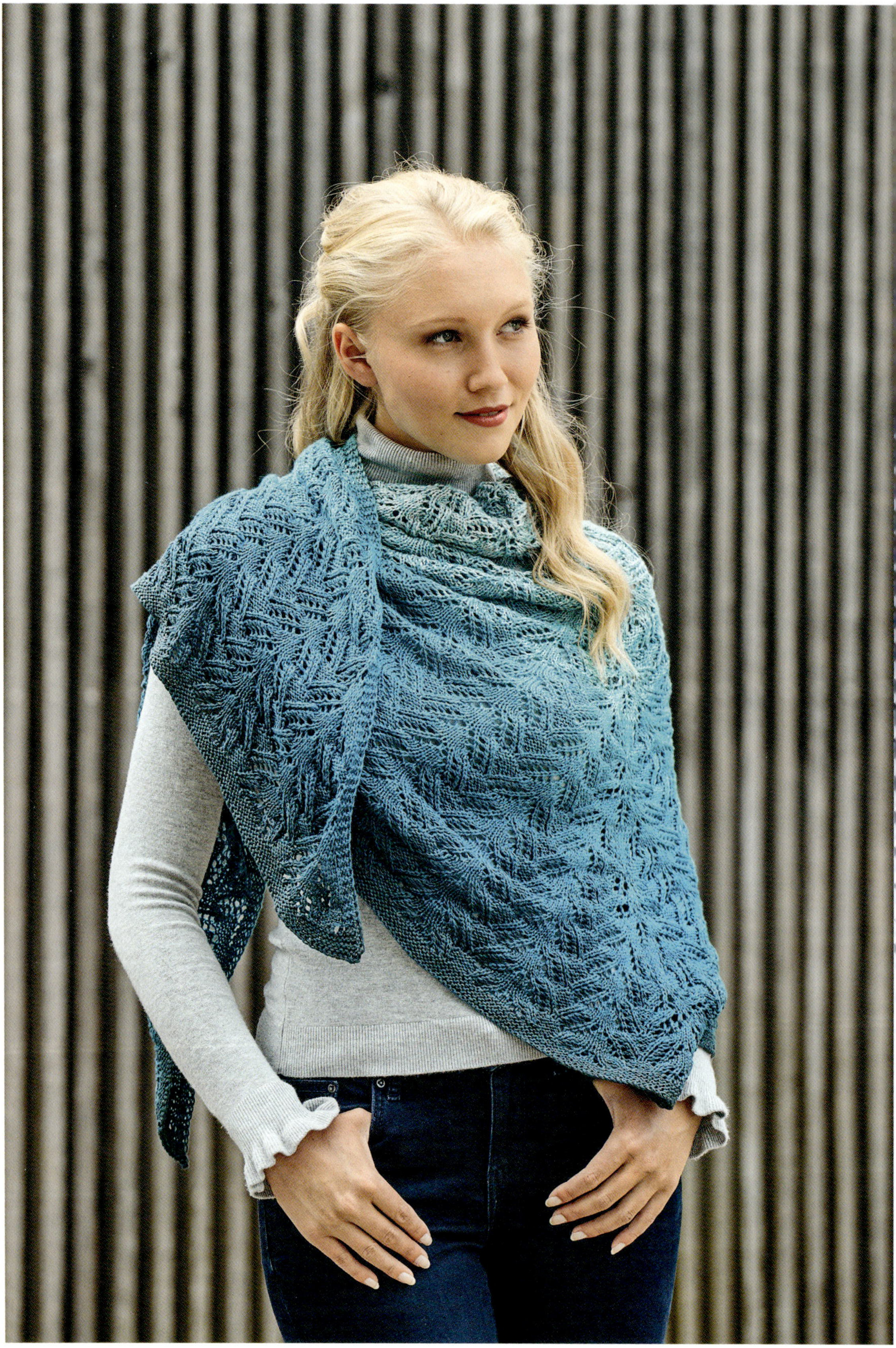

TUCH NÁJERA

Größe: ca. 205 x 100 cm

MATERIAL

- Woolly Hugs BOBBEL COTTON XXL (50% Baumwolle, 50% Polyacryl, Lauflänge ca. 1000 m/250 g) von L&K (www.VeronikaHug.com):
- 1 BOBBEL in Wunschfarbe (Original in Farbe Nr. 604)
- 1 lange Rundstricknadel Nr. 3,0–4,0
- 1 Maschenmarkierer

MUSTER

Grundmuster

Laut Strickschrift arbeiten. Es sind nur die Hinreihen gezeichnet. In den Rückreihen alle Maschen und Umschläge links stricken, kraus rechts gestrickte Maschen in den Rückreihen ebenfalls rechts stricken.

Maschenprobe im Durchschnitt

20 Maschen (M) und 29 Reihen = 10 x 10 cm.

SO WIRD'S GEMACHT

An der oberen Nackenmitte beginnend 15 M anschlagen und 1 Rückreihe linke M stricken. Dann mit der **1. Reihe** (= Hinreihe) der Strickschrift beginnen: Randmasche, 3 M kraus rechts (= rechts stricken), 1 Umschlag, 1 M rechts, 1 Umschlag, 1 M links, 1 Umschlag, 1 M rechts, 1 Umschlag, 1 M rechts (= Mittel-M – diese evtl. markieren), 1 Umschlag, 1 M rechts, 1 Umschlag, 1 M links, 1 Umschlag, 1 M rechts, 1 Umschlag, 3 M kraus rechts, 1 Randmasche. Die Arbeit wenden und die **2. Reihe** (= Rückreihe) arbeiten: Randmasche, 3 M rechts, 3 M

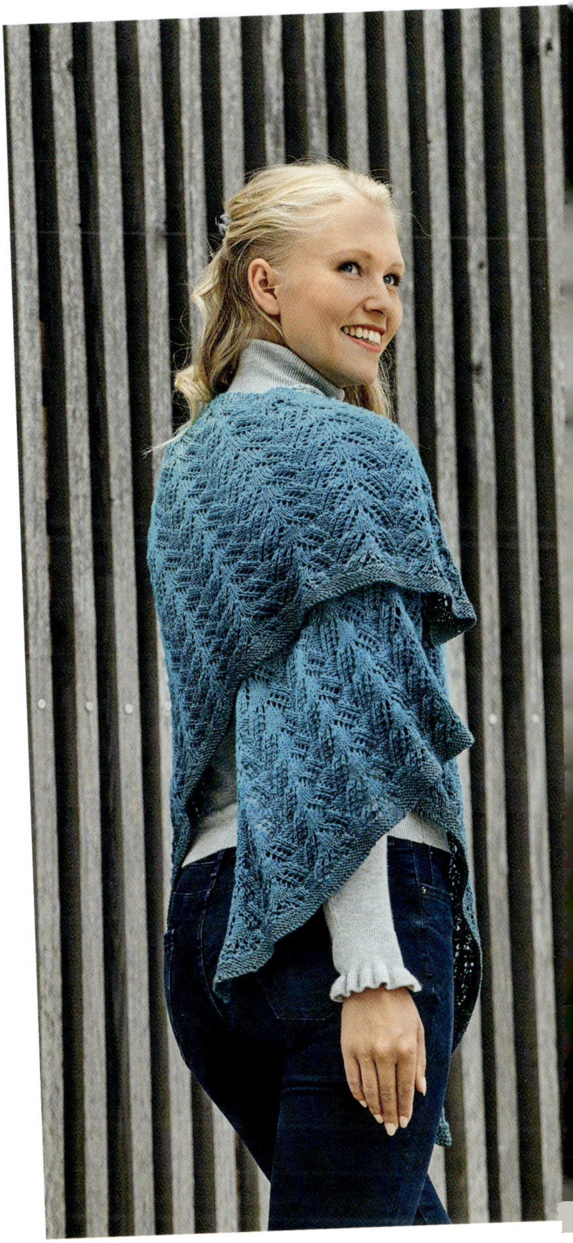

Strickschrift

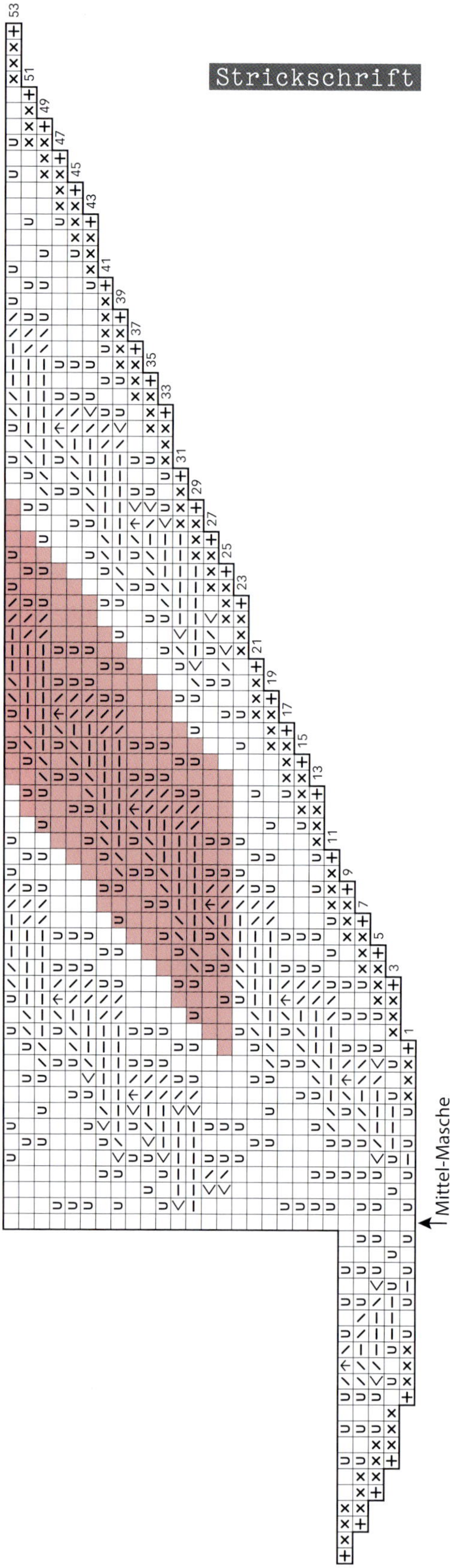

links, 1 M rechts, 7 M links, 1 M rechts, 3 M links, 3 M rechts, Randmasche. Die Arbeit wenden und die 3. Reihe laut Strickschrift fortsetzen. Zunächst die **1.–54. Reihe** der Strickschrift 1 x arbeiten, dabei die M ab der Mittel-M stets gegengleich (= gespiegelt) abstricken. Dabei werden aus 2 zusammen gestrickten M 1 einfacher Überzug und umgekehrt. Zum besseren Verständnis sind bis zur 9. Reihe noch alle M gezeichnet.

Nach 54. Reihen ab Anschlag die **25.–54. Reihe** stets wiederholen, dabei die Zunahmen beidseitig sinngemäß fortsetzen.

Ab der 25. Reihe ist rechts der Mittel-M 1 Fläche rot unterlegt. Diese 18 M bilden jeweils den Mustersatz. In jeder Reihe mit den M vor dem Mustersatz beginnen, diesen Mustersatz mit der Erweiterung des Tuches stets wiederholen, dann die M nach der roten Fläche bis zur Mittel-M arbeiten und nach der Mittel-M das Muster gegengleich beenden. Das Tuch bis zur Wunschgröße arbeiten (beim Original wurde bis zum Beginn des letzten Farbfeldes gestrickt – dann für die Abschlussblende mit 8 Reihen kraus rechts enden und anschließend die M sehr locker (!) abketten.

Fertigstellung

Die 15 Anschlag-M mit dem Anfangsfaden zusammenziehen und diesen vernähen. Das Tuch leicht spannen, anfeuchten und trocknen lassen.

Zeichenerklärung

Siehe rückwärtige Klappe

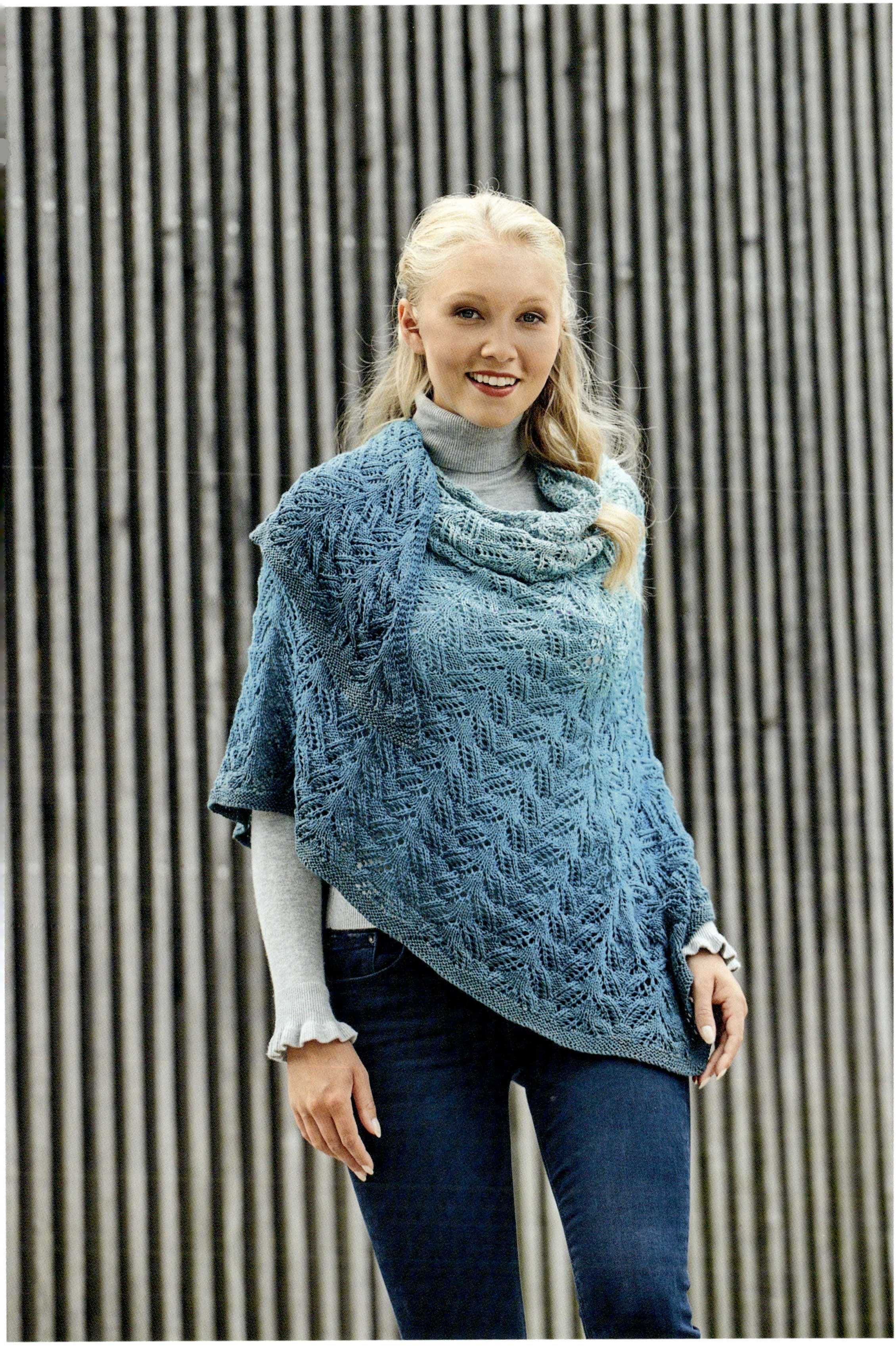

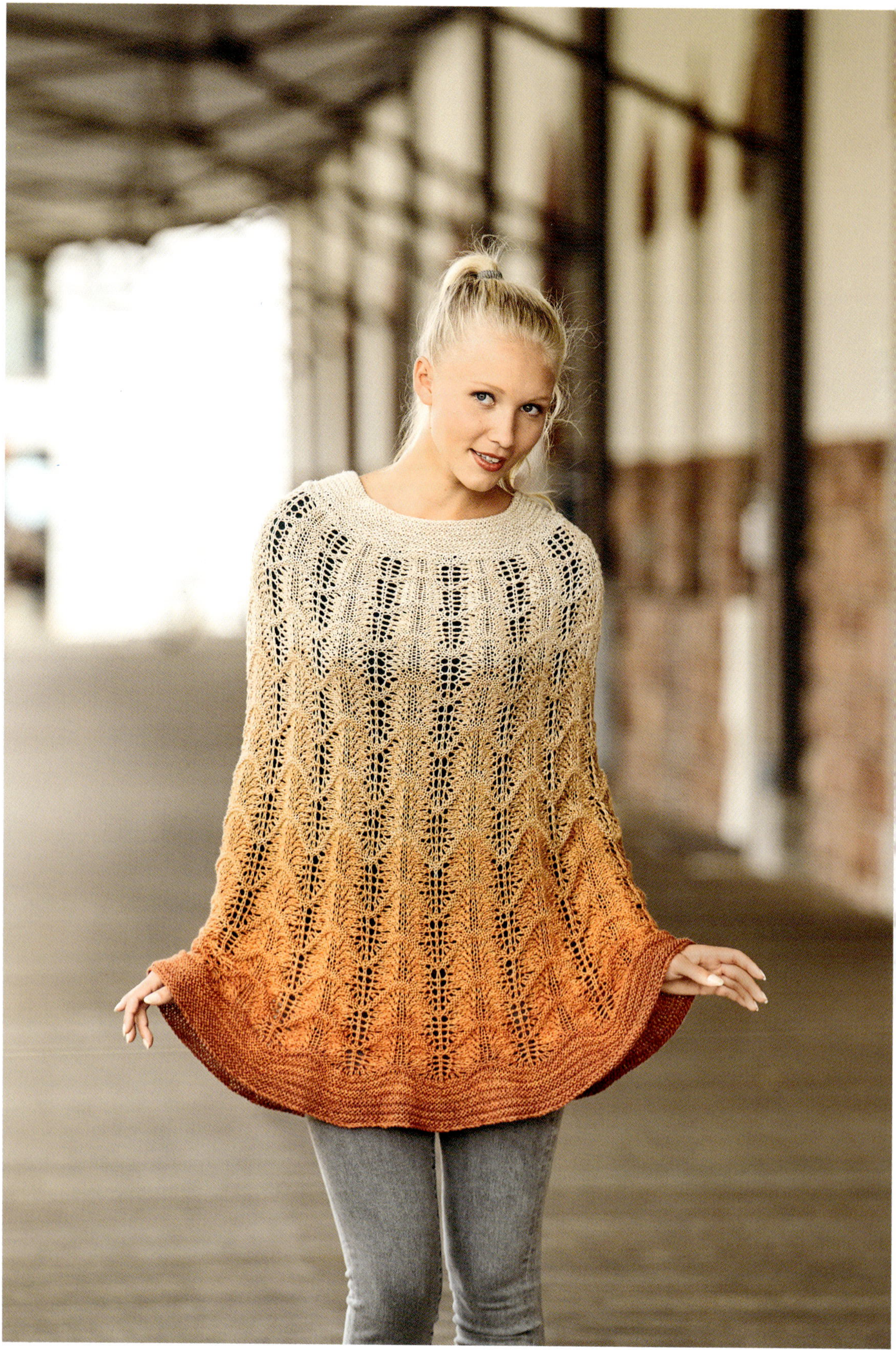

PONCHO FRÓMISTA

Größe: 36–44 (46–52)

MATERIAL

- Woolly Hugs BOBBEL COTTON XXL (50% Baumwolle, 50% Polyacryl, Lauflänge ca. 1000 m/250 g) von L&K (www.VeronikaHug.com):
- 1 (2) BOBBEL in Wunschfarbe (Original in Farbe Nr. 602)
- Je 1 kurze und lange Rundstricknadel Nr. 3,0–4,0

MUSTER

Glatt rechts in Runden

Stets rechte Maschen stricken.

Glatt links in Runden

Stets linke Maschen stricken

Streifenfolge

abwechselnd je 2 Runden glatt links und 2 Runden glatt rechts stricken.

Ajourmuster

Die Maschenzahl muss zunachst durch 12 teilbar sein. Laut Strickschrift arbeiten. Es sind alle Runden gezeichnet. Den Mustersatz (MS = die gezeichneten Maschen) stets wiederholen. Die 1.–5. Runde 1 x arbeiten. Dann für die 6.–11. Runde die 4. und 5. Runde noch 3 x wiederholen. Nun die 12.–18. Runde 1 x arbeiten und anschließend die 17. und 18. Runde noch 3 x wiederholen. Dann die 25.–31. Runde 1 x arbeiten und anschließend die 30. und 31. Runde noch 3 x wiederholen. Dann die 38.–44. Runde 1 x arbeiten und anschließend die 43. und 44. Runde noch 3 x wiederholen.
Dann die 51.–56. Runde 1 x arbeiten und anschließend die 55. und 56. Runde noch 3 x wiederholen. Dann die 63.–69. Runde 1 x arbeiten und anschließend die 68. und 69. Runde noch 3 x wiederholen.
Dann die 76.–82. Runde 1 x arbeiten und anschließend die 81. und 82. Runde noch 3 x wiederholen.
Dann die 89.–93. Runde 1 x arbeiten und anschließend die 92. und 93. Runde noch 4 x wiederholen.
Nun die 102.–104. Runde 1 x arbeiten und dann die 92.–104. Runde stets wiederholen.

Maschenprobe

21 Maschen (M) und 29 Runden = 10 x 10 cm.

Hinweis: Der BOBBEL kann wunschgemäß von innen oder von außen verwendet werden. Für die größere Größe den 2. BOBBEL gegengleich anstricken.

SO WIRD'S GEMACHT

Am oberen Halsrand beginnend 126 (144) M anschlagen und für die obere Blende 26 Runden in der Streifenfolge arbeiten. Anschließend nochmals 2 Runden rechte M stricken, dabei in der 1. Runde für die Erweiterung nach jeder 3. M 1 Umschlag arbeiten. Über diese 168 (192) M im Ajourmuster weiterarbeiten, dabei die gezeichneten 12 M je Runde 14 (16) x arbeiten. Nach 104 Runden im Ajourmuster die 92.–104. Runde so oft wiederholen, bis noch genügend Garn übrig ist, damit die Abschluss-Blende gestrickt werden kann. (Für die größere Größe den 2. BOBBEL gegengleich anstricken, bis die Wunschlänge erreicht ist).

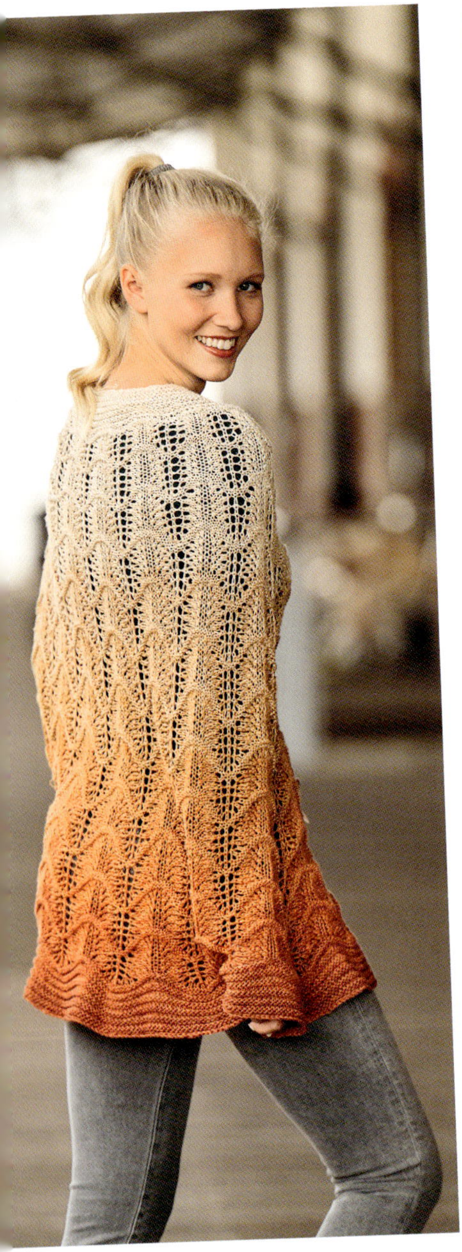

Strickschrift

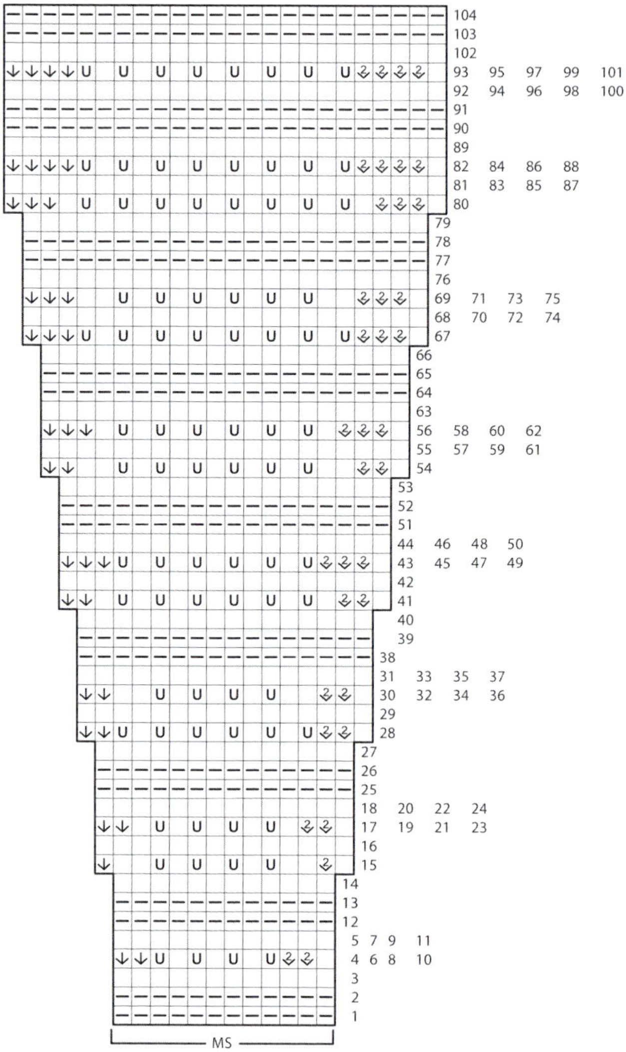

Zeichenerklärung

Siehe rückwärtige Klappe

TUCH
PORTOMARIN

Größe: ca. 170 x 85 cm

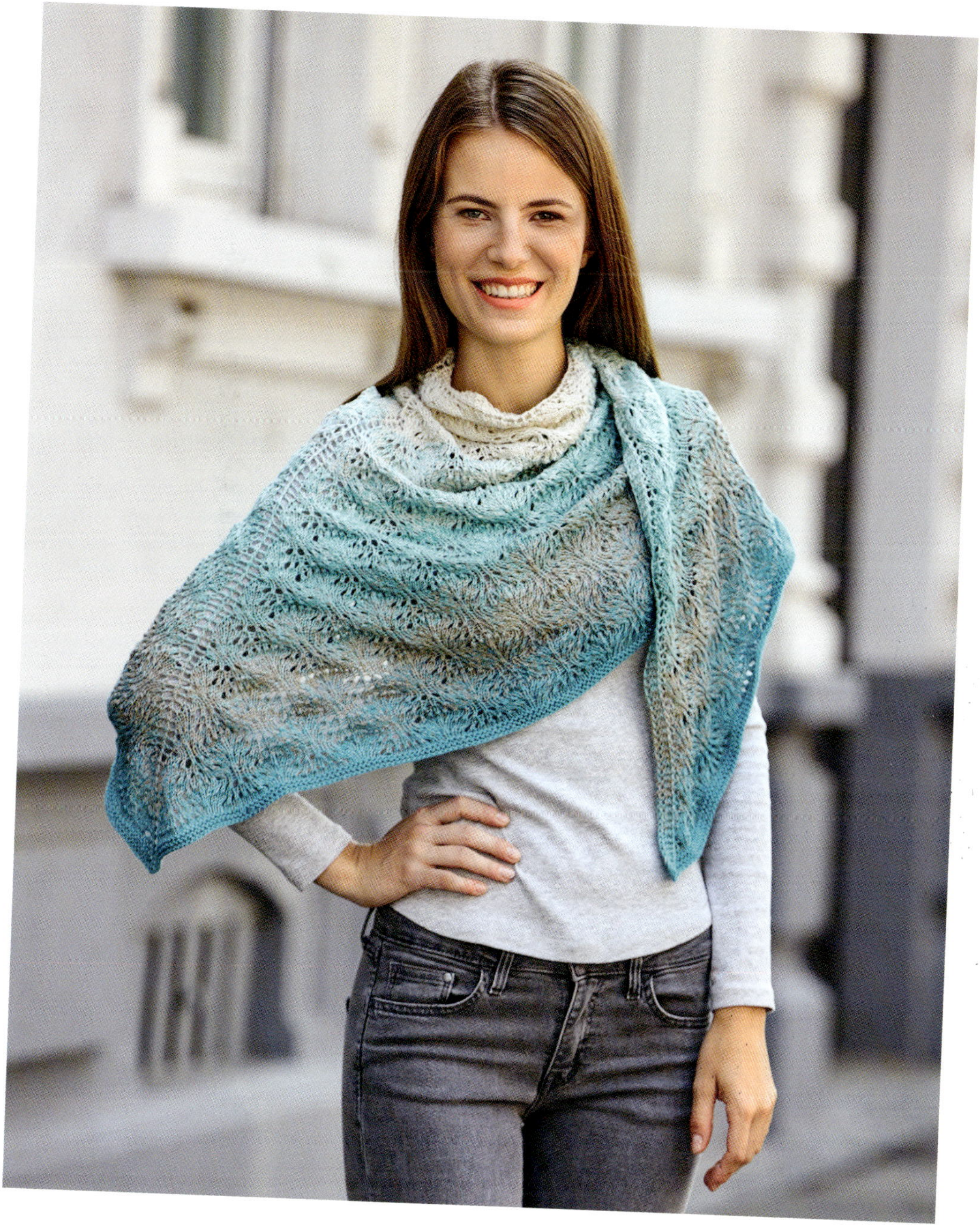

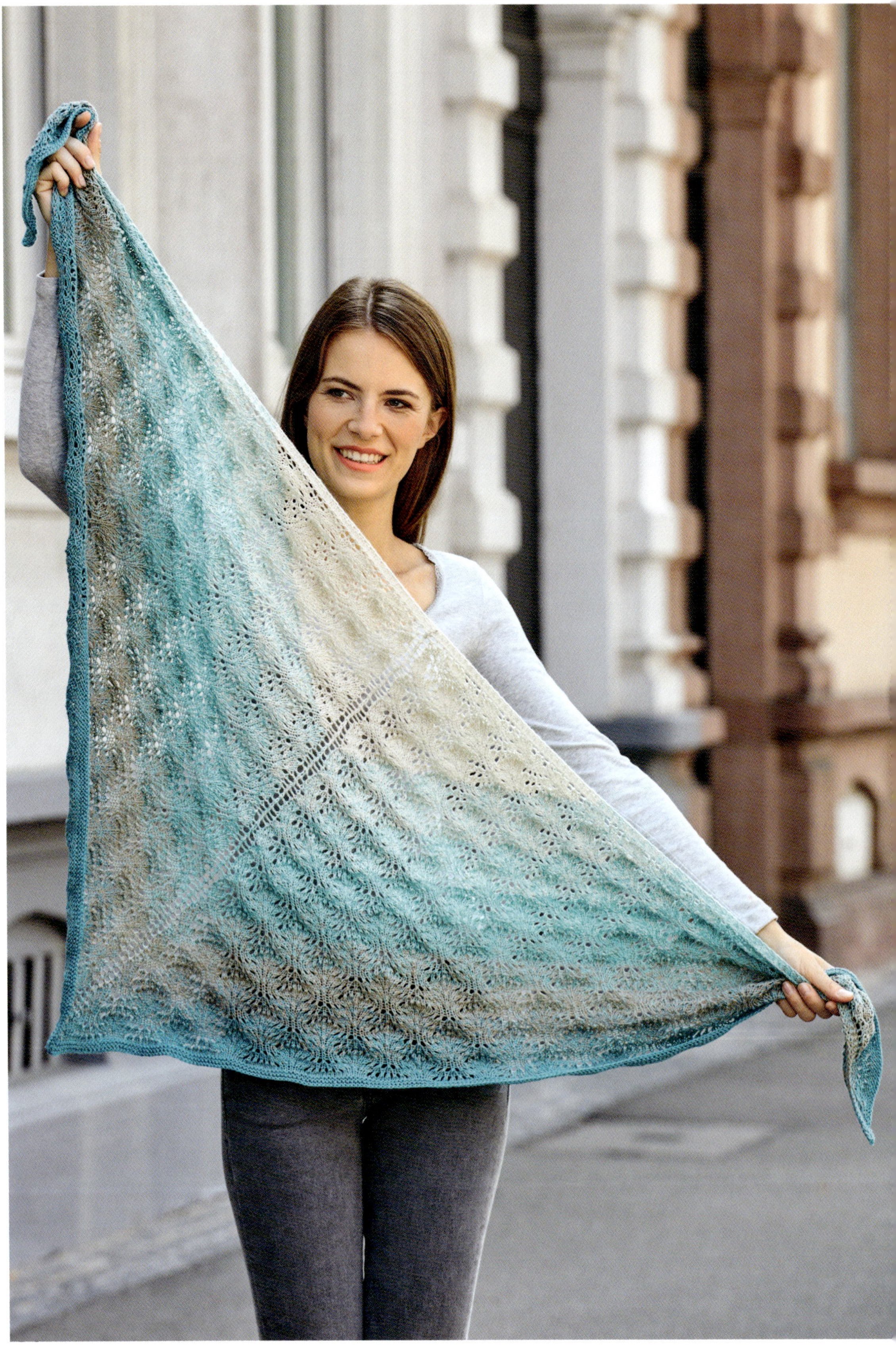

MATERIAL

Woolly Hugs BOBBEL COTTON
(50% Baumwolle, 50% Polyacryl,
Lauflänge ca. 800 m/200 g) von L&K
(www.VeronikaHug.com):
1 BOBBEL in Wunschfarbe
(Original in Farbe Nr. 51)
1 lange Rundstricknadel Nr. 3,0–4,0
1 Maschenmarkierer

MUSTER

Grundmuster

Laut Strickschrift arbeiten. Es sind nur die Hinreihen gezeichnet. In den Rückreihen alle Maschen und Umschläge links stricken, kraus rechts gestrickte Maschen in den Rückreihen ebenfalls rechts stricken.

Maschenprobe im Grundmuster

20 Maschen (M) und 29 Reihen = 10 x 10 cm.

SO WIRD'S GEMACHT

An der oberen Nackenmitte beginnend 13 M anschlagen und 1 Rückreihe linke M stricken. Dann mit der **1. Reihe** (= Hinreihe) der Strickschrift beginnen: Randmasche, 3 M kraus rechts (= rechts stricken), 1 M rechts verschränkt, 1 Umschlag, 1 M rechts verschränkt, 1 Umschlag, 1 M rechts verschränkt (= Mittel-M, evtl. markieren), 1 Umschlag, 1 M rechts verschränkt, 1 Umschlag, 1 M rechts verschränkt, 3 M kraus rechts, Randmasche. Dann die Arbeit wenden und die **2. Reihe** arbeiten: Randmasche, 3 M rechts, 9 M links, 3 M rechts, Randmasche. Die Arbeit wenden und ab der 3. Reihe laut Strickschrift weiterarbeiten. Zunächst die **1.–56. Reihe** der Strickschrift 1 x arbeiten, dabei die M ab der Mittel-M stets gegengleich (= gespiegelt) abstricken. Dabei werden aus 2 zusammen gestrickten M 1 einfacher Überzug und umgekehrt. Zum besseren Verständnis sind bis zur 9. Reihe noch alle M gezeichnet. Nach 56. Reihen ab Anschlag die **33.–56. Reihe** stets wiederholen, dabei die Zunahmen beidseitig sinngemäß fortsetzen. Die Pfeile über der Strickschrift können ignoriert werden, da diese nur für das folgende Modell Compostela Bedeutung haben.
Ab der 33. Reihe ist rechts der Mittel-M 1 Fläche rot unterlegt. Diese 16 M bilden jeweils den Mustersatz. In jeder Reihe mit den M vor dem Mustersatz beginnen, diesen Mustersatz mit der Erweiterung des Tuches stets wiederholen, dann die M nach der roten Fläche bis zur Mittel-M arbeiten und nach der Mittel-M das Muster gegengleich beenden. Das Tuch bis zur Wunschgröße arbeiten (beim Original wurde bis zum Beginn des letzten Farbfeldes gestrickt – dann für die Abschlussblende mit 8 Reihen kraus rechts enden und anschließend die M sehr locker (!) abketten.

Fertigstellung

Die 13 Anschlag-M mit dem Anfangsfaden zusammenziehen und diesen vernähen. Das Tuch leicht spannen, anfeuchten und trocknen lassen.

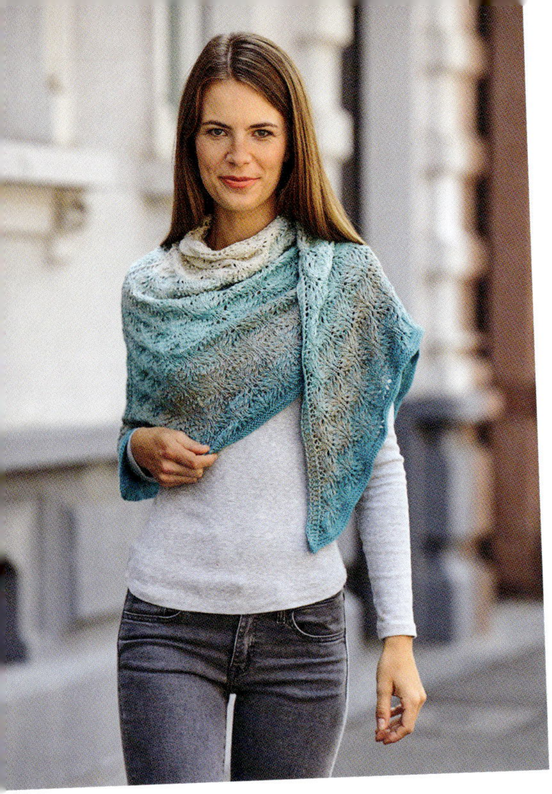

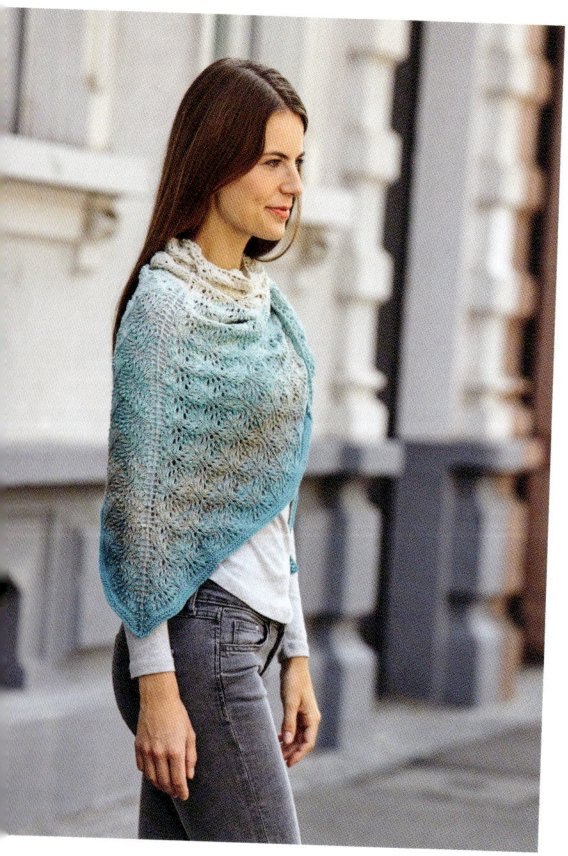

Strickschrift

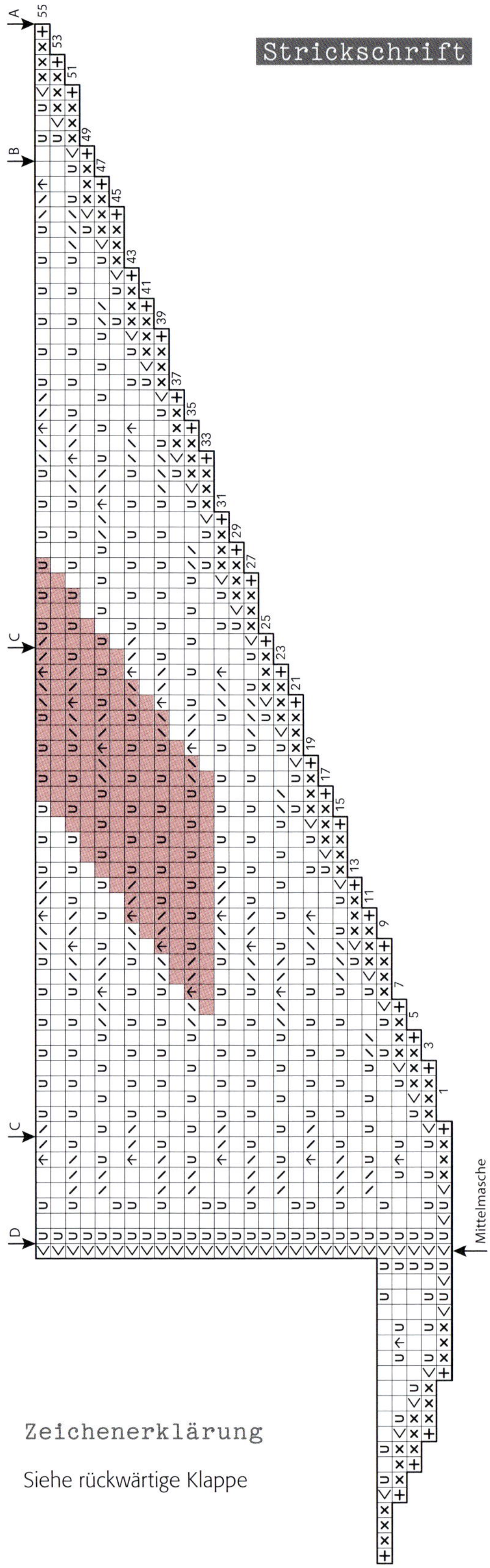

Zeichenerklärung

Siehe rückwärtige Klappe

TUCH COMPOSTELA

Größe: ca. 210 x 105 cm

MATERIAL

- Woolly Hugs BOBBEL COTTON (50% Baumwolle, 50% Polyacryl, Lauflänge ca. 800 m/200 g) von L&K (www.VeronikaHug.com):
- 2 BOBBEL in Wunschfarbe (Original in Farbe Nr. 50)
- 1 lange Rundstricknadel Nr. 3,0–4,0
- 1 Häkelnadel Nr. 3–3,5 (zum Abhäkeln der Maschen)
- 1 Maschenmarkierer

MUSTER

Grundmuster

Laut Strickschrift Seite 52 arbeiten. Es sind nur die Hinreihen gezeichnet. In den Rückreihen alle Maschen und Umschläge links stricken, kraus rechts gestrickte Maschen in den Rückreihen ebenfalls rechts stricken.

Maschenprobe im Grundmuster

20 Maschen (M) und 29 Reihen = 10 x 10 cm.

Hinweis: Der 1. BOBBEL kann wunschgemäß von innen oder von außen abgestrickt werden, den 2. BOBBEL farblich gegengleich anstricken.

SO WIRD'S GEMACHT

Das Tuch wie das Tuch Portomarin bis zum Beginn der Abschlussblende arbeiten. Dabei darauf achten, dass in der Höhe mit einem voll-

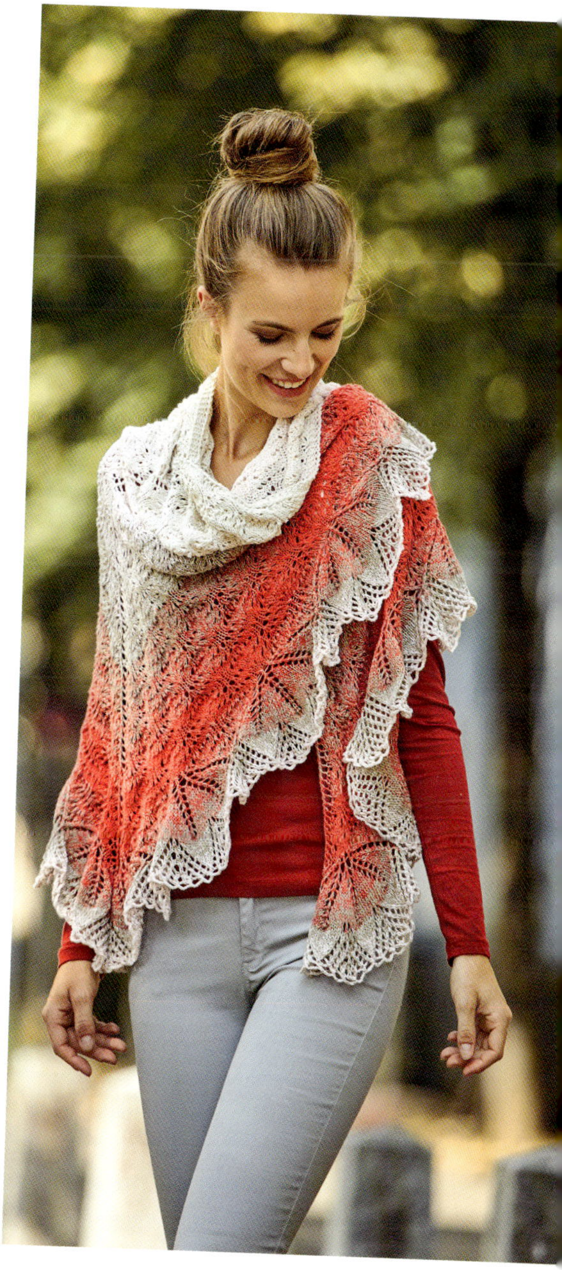

Strickschrift

Teil 1

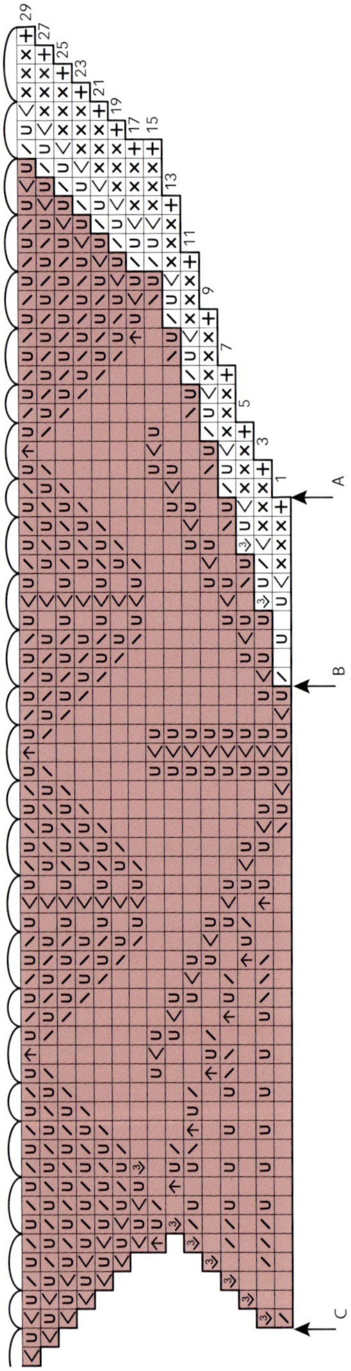

Teil 2

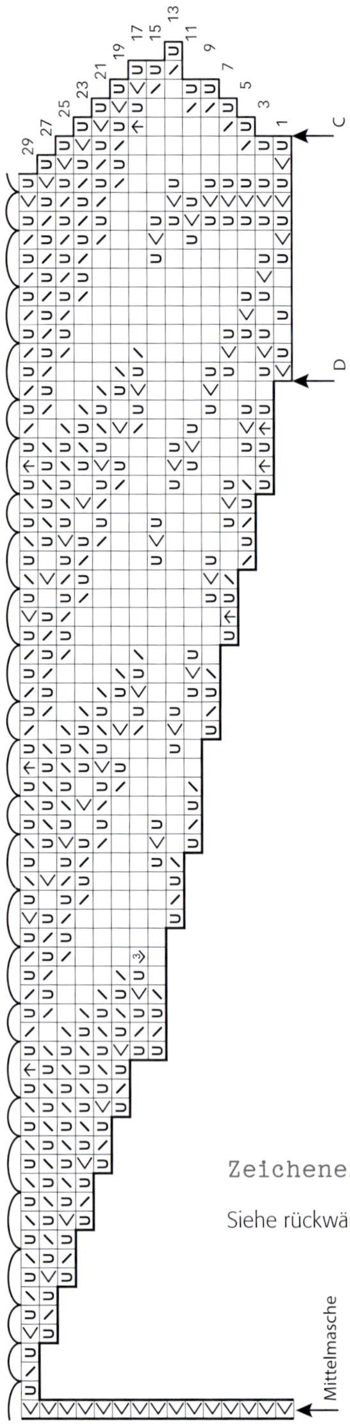

Zeichenerklärung

Siehe rückwärtige Klappe

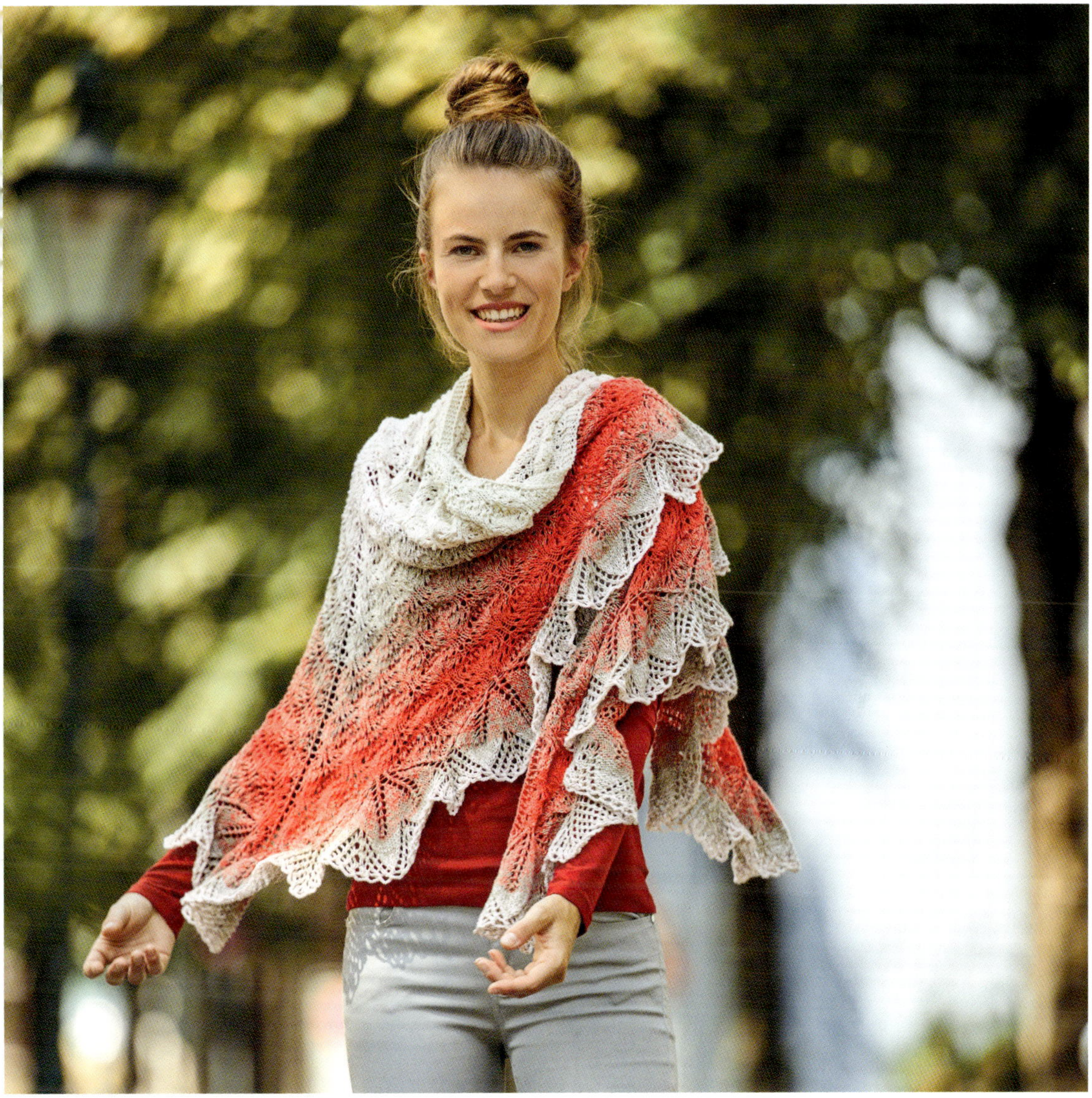

ständigen Höhenrapport geendet wird. Die End-Maschenzahl muss beidseits der Mittel-M jeweils teilbar durch 32 + 16 sein. Dann die Spitze nach der Strickschrift weiterarbeiten. Aus Platzgründen ist die Strickschrift in 2 Teile aufgeteilt. Für die Spitze mit den 9 Maschen ab Pfeil A (Teil 1) beginnen. Dann die M in der roten Fläche von Pfeil B–C stets wiederholen, bis nur noch 7 M vor der Mittel-M liegen. Dann im 2. Teil der Strickschrift die M ab Pfeil C–D bis zur Mittel-M 1 x stricken. Anschließend die Mittel-M stricken und danach die Reihe gegengleich beenden.

Abhäkeln: Nach 30 Reihen Spitzenhöhe die am oberen Ende der Strickschrift mit Bogen zusammengefassten M auf die Häkelnadel nehmen und * den Faden durchziehen, dann 5 Luftmaschen häkeln und die nächsten zusammengefassten M auf die Häkelnadel legen, ab * stets wiederholen, bis alle M abgehäkelt sind.

Fertigstellung

Die 13 Anschlag-M mit dem Anfangsfaden zusammenziehen und diesen vernähen. Das Tuch leicht spannen, anfeuchten und trocknen lassen.

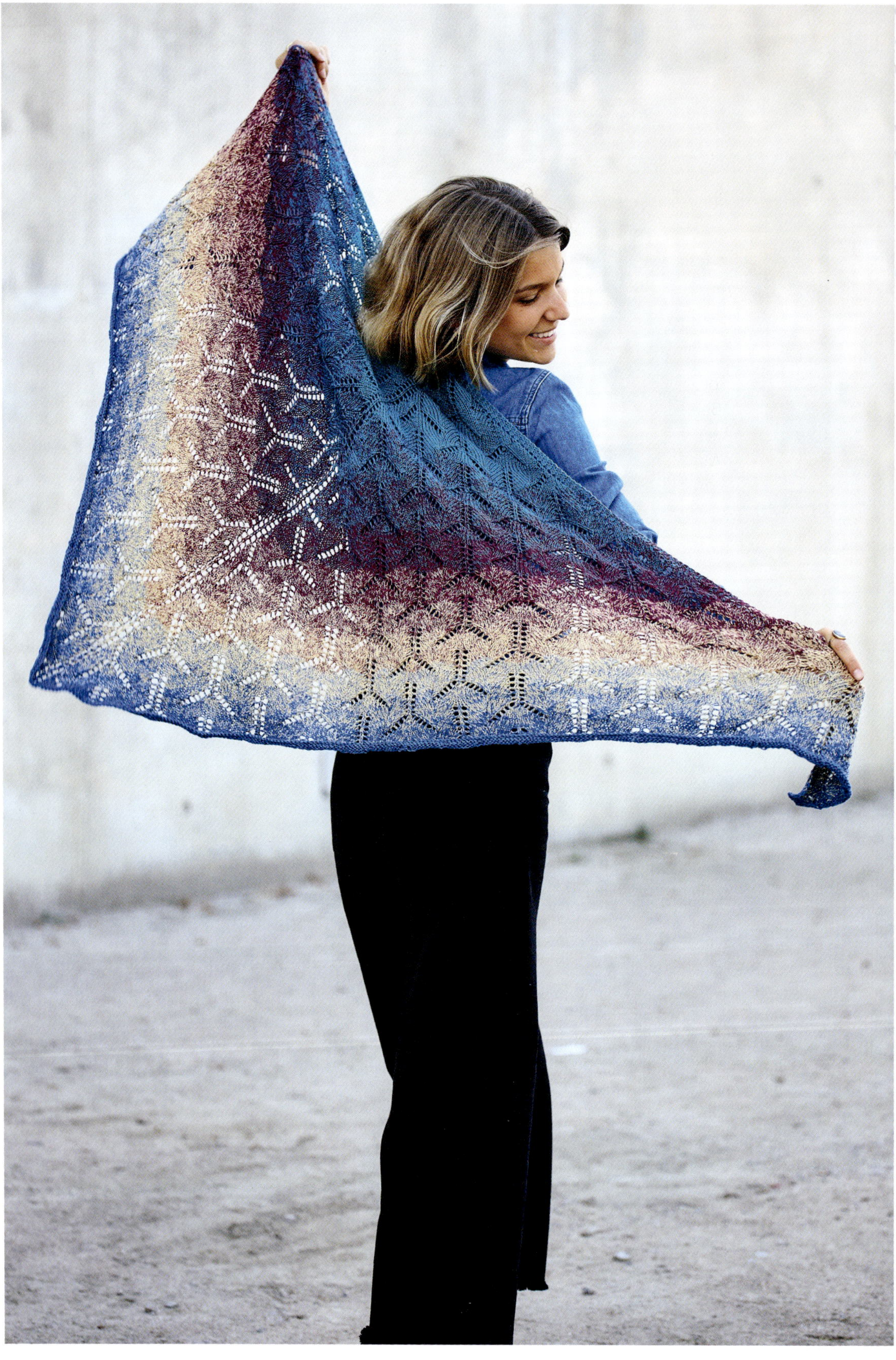

TUCH

ARZUA

Größe: ca. 180 x 90 cm

MATERIAL

- Woolly Hugs BOBBEL COTTON (50% Baumwolle, 50% Polyacryl, Lauflänge ca. 800 m/200 g) von L&K (www.VeronikaHug.com): 1 BOBBEL in Wunschfarbe (Original in Farbe Nr. 55)
- 1 lange Rundstricknadel Nr. 3,0–4,0
- Maschenmarkierer

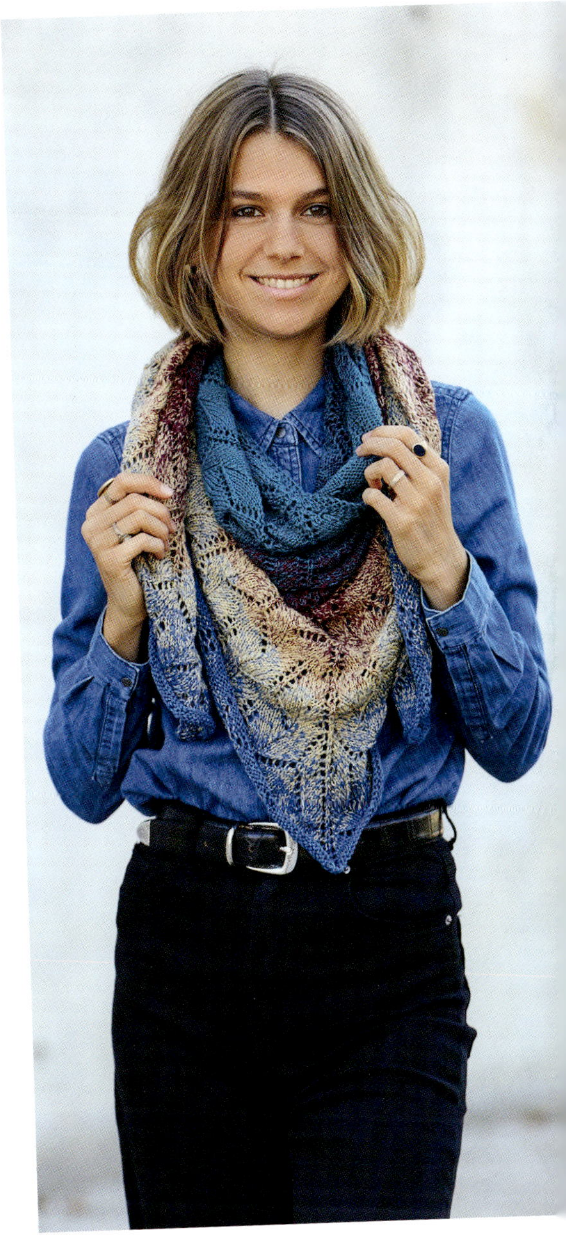

MUSTER

Grundmuster

Laut Strickschrift arbeiten. Es sind nur die Hinreihen gezeichnet. In den Rückreihen alle Maschen und Umschläge links stricken.

Maschenprobe im Grundmuster

18 Maschen (M) und 30 Reihen = 10 x 10 cm.

SO WIRD'S GEMACHT

In der oberen Mitte beginnend 11 M anschlagen und 1 Rückreihe rechte M stricken. Dann mit der **1. Reihe** (= Hinreihe) der Strickschrift beginnen: Randmasche, 3 M kraus rechts (= Hin- und Rückreihe rechte M stricken), 1 Umschlag, 1 M rechts, 1 Umschlag, die folgende Masche (= Mittel-M – diese evtl. markieren) rechts stricken und anschließend die M gegengleich abstricken wie folgt: 1 Umschlag, 1 M rechts, 1 Umschlag, 3 M kraus rechts, Randmasche = 15 M. Nun die Arbeit wenden die **2. Reihe** (= Rückreihe) arbeiten: 1 Randmasche, 3 M rechts, 7 M links, 3 M rechts und 1 Randmasche. Anschließend die 3.-82. Reihe

Strickschrift

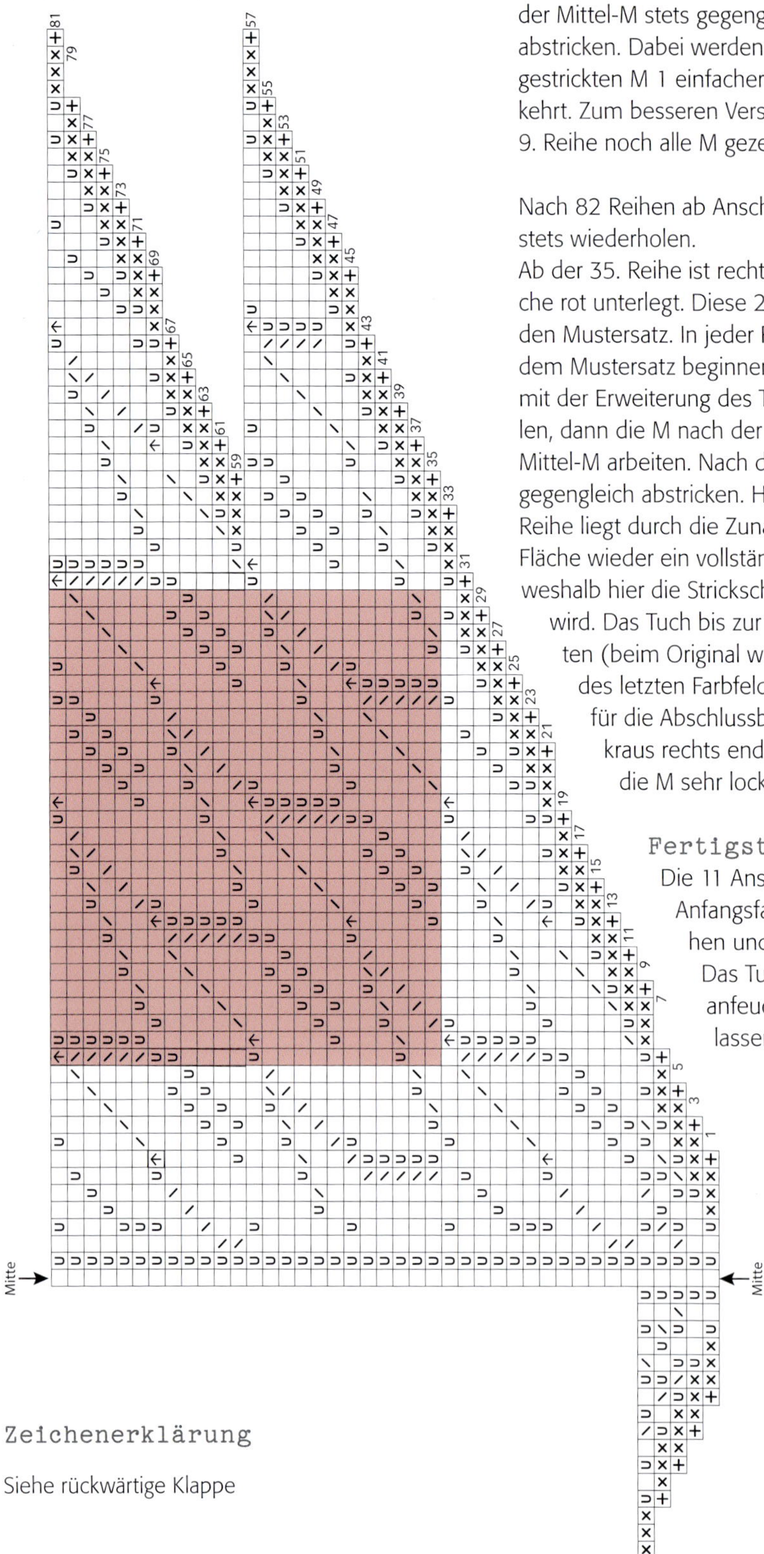

der Strickschrift 1 x arbeiten, dabei die M ab der Mittel-M stets gegengleich (= gespiegelt) abstricken. Dabei werden aus 2 zusammen gestrickten M 1 einfacher Überzug und umgekehrt. Zum besseren Verständnis sind bis zur 9. Reihe noch alle M gezeichnet.

Nach 82 Reihen ab Anschlag die 35.-82. Reihe stets wiederholen.
Ab der 35. Reihe ist rechts der Mittel-M 1 Fläche rot unterlegt. Diese 28 M bilden jeweils den Mustersatz. In jeder Reihe mit den M vor dem Mustersatz beginnen, diesen Mustersatz mit der Erweiterung des Tuches stets wiederholen, dann die M nach der roten Fläche bis zur Mittel-M arbeiten. Nach der Mittel-M die M gegengleich abstricken. Hinweis: Ab der 59. Reihe liegt durch die Zunahmen vor der roten Fläche wieder ein vollständiger Mustersatz, weshalb hier die Strickschrift wieder kleiner wird. Das Tuch bis zur Wunschgröße arbeiten (beim Original wurde bis zum Beginn des letzten Farbfeldes gestrickt) – dann für die Abschlussblende mit 8 Reihen kraus rechts enden und anschließend die M sehr locker (!) abketten.

Fertigstellung

Die 11 Anschlag-M mit dem Anfangsfaden zusammenziehen und diesen vernähen. Das Tuch leicht spannen, anfeuchten und trocknen lassen.

Zeichenerklärung

Siehe rückwärtige Klappe

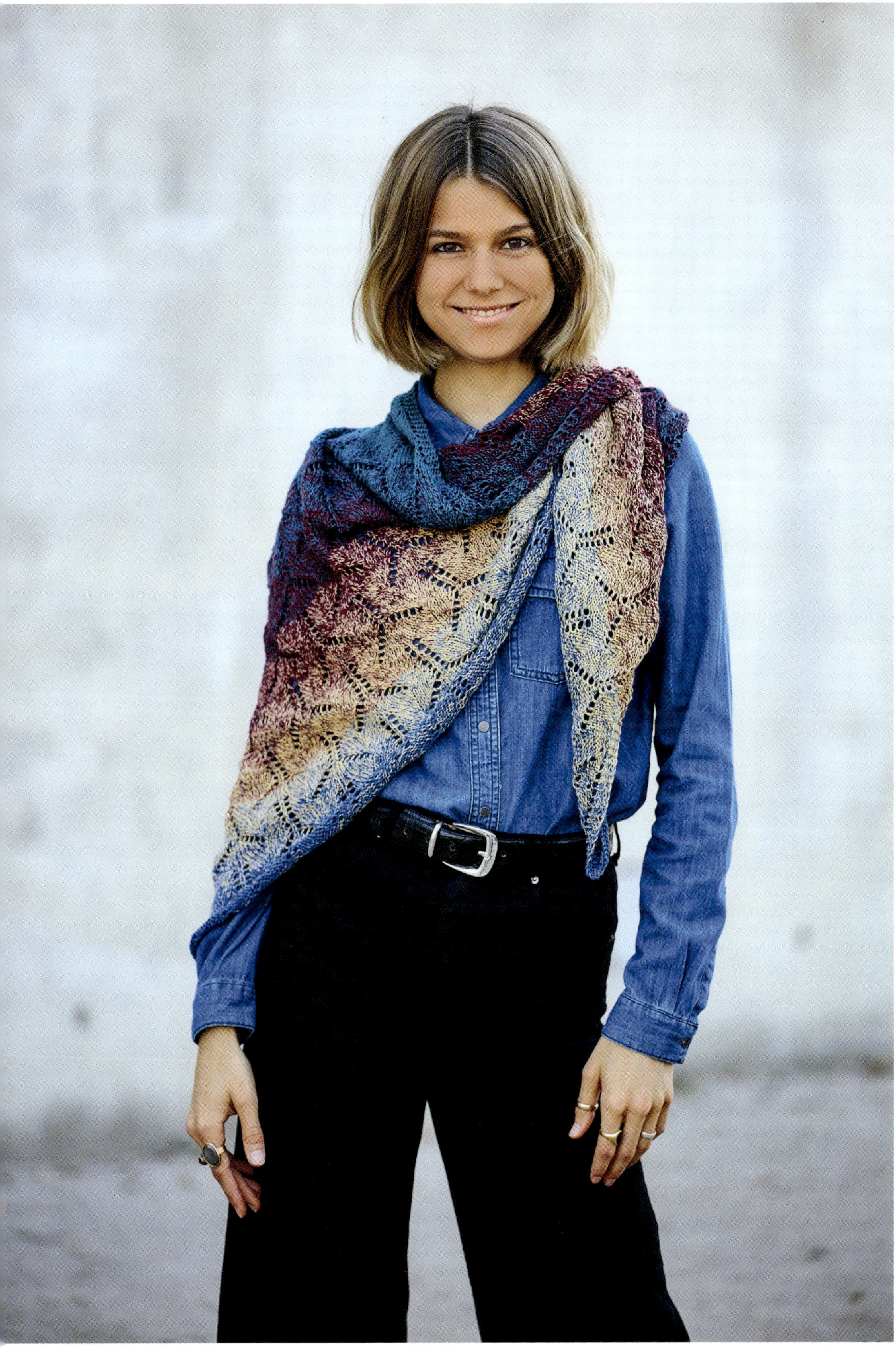

WORKSHOP

DIE STRICKSCHRIFT

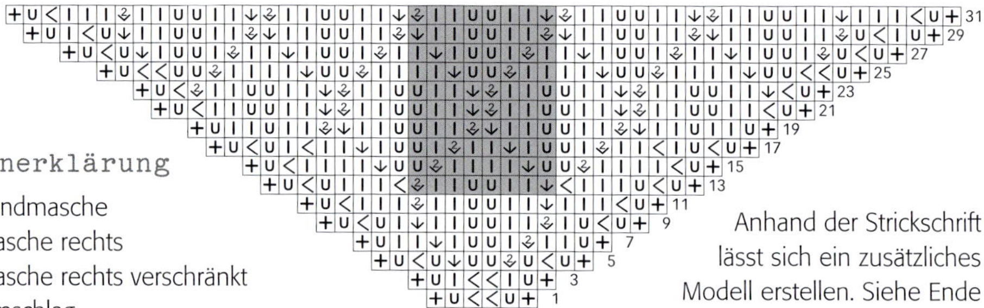

Zeichenerklärung

- + = 1 Randmasche
- I = 1 Masche rechts
- < = 1 Masche rechts verschränkt
- U = 1 Umschlag
- ⩒ = 2 Maschen rechts zusammenstricken
- ↓ = 1 einfacher Überzug

Anhand der Strickschrift lässt sich ein zusätzliches Modell erstellen. Siehe Ende des Workshops Seite 62.

ANSCHLAG

4 Maschen anschlagen.

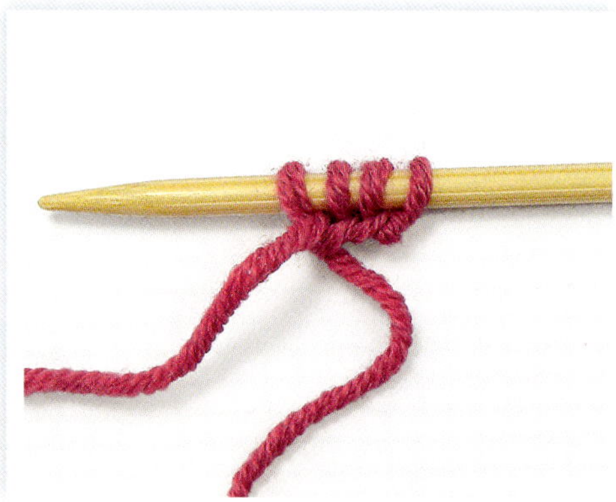

1. RÜCKREIHE

Arbeit wenden und die 1. Rückreihe linke Maschen stricken.

Nun wird mit der Strickschrift begonnen.

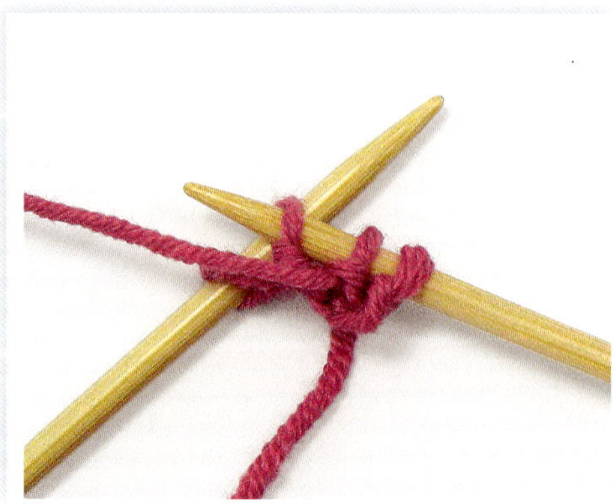

MUSTERBEGINN – 1. REIHE (= HINREIHE)

Arbeit wenden. 1 Randmasche, 1 Umschlag, 2 Maschen rechts verschränkt, 1 Umschlag, 1 Randmasche. Am Ende der 1. Reihe befinden sich 6 Maschen auf der Nadel. Dann die Arbeit wenden und für die **2. Reihe (= Rückreihe)** alle Maschen links abstricken.

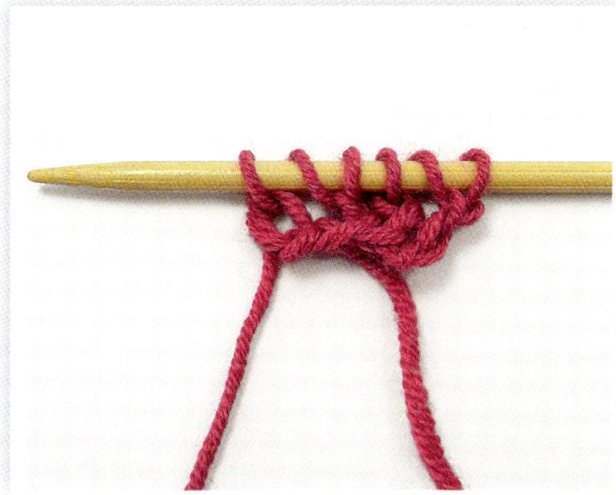

3. REIHE (= HINREIHE)

Arbeit wenden. 1 Randmasche, 1 Umschlag, 1 Masche rechts, 2 Maschen rechts verschränkt, 1 Masche rechts, 1 Umschlag, 1 Randmasche. Am Ende der 3. Reihe befinden sich 8 Maschen auf der Nadel. Dann die Arbeit wenden und für die **4. Reihe (= Rückreihe)** alle Maschen links abstricken.

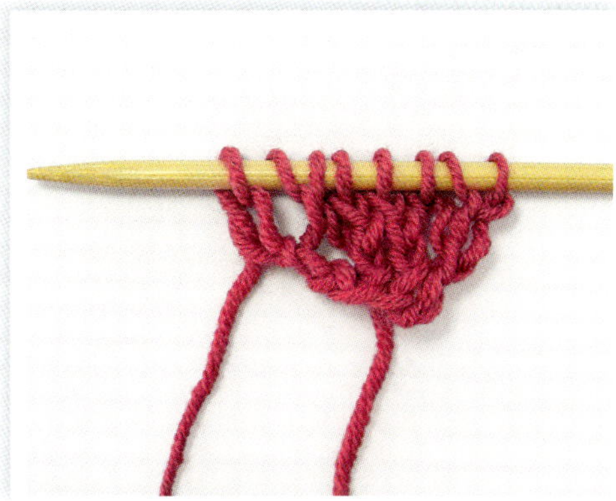

5. REIHE (= HINREIHE)

Arbeit wenden. 1 Randmasche, 1 Umschlag, 1 Masche rechts verschränkt, 1 Umschlag, 2 Maschen rechts zusammenstricken, 2 Umschläge, 1 einfacher Überzug, 1 Umschlag, 1 Masche rechts verschränkt, 1 Umschlag, 1 Randmasche. Am Ende der 3. Reihe befinden sich 12 Maschen auf der Nadel. Dann die Arbeit wenden und für die **6. Reihe (= Rückreihe)** alle Maschen links abstricken. Bei 2 aufeinander folgenden Umschlägen den 1. Umschlag links, den 2. Umschlag links verschränkt abstricken.

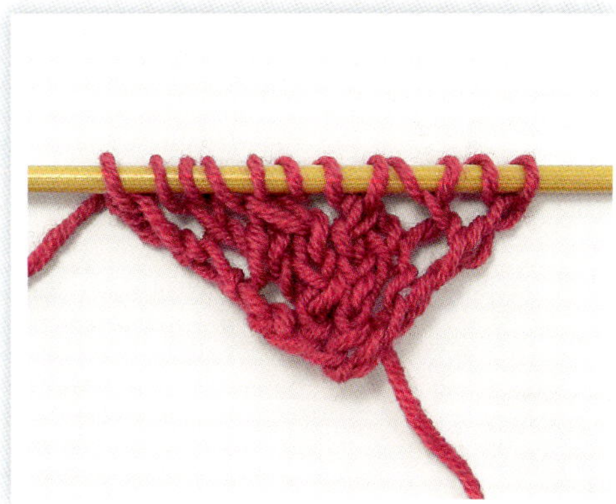

7. REIHE (= HINREIHE)

Arbeit wenden. 1 Randmasche, 1 Umschlag, 2 Maschen rechts, 2 Maschen rechts zusammen- stricken, 1 Masche rechts, 2 Umschläge, 1 Masche rechts, 1 einfacher Überzug, 2 Maschen rechts, 1 Umschlag, 1 Randmasche. Am Ende der 7. Reihe befinden sich 14 Maschen auf der Nadel. Dann die Arbeit wenden und für die **8. Reihe (= Rückreihe)** alle Maschen links abstricken – Umschläge siehe 6. Reihe.

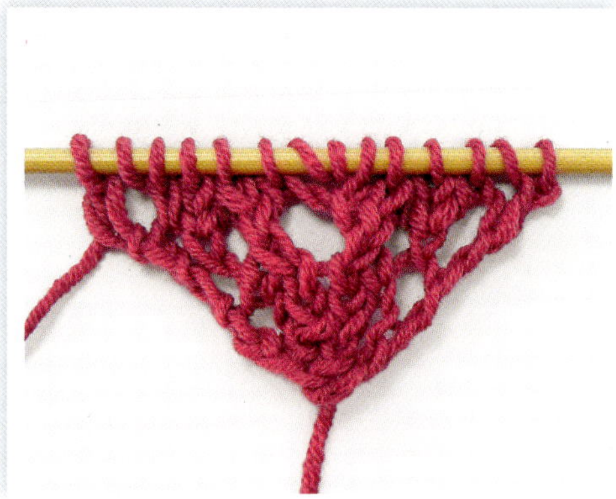

9. REIHE (= HINREIHE)

Arbeit wenden. 1 Randmasche, 1 Umschlag, 1 Ma-sche rechts verschränkt, 1 Umschlag, 1 Masche rechts, 2 Maschen rechts zusammenstricken, 2 Maschen rechts, 2 Umschläge, 2 Maschen rechts, 1 einfacher Überzug, 1 Masche rechts, 1 Umschlag, 1 Masche rechts verschränkt, 1 Umschlag, 1 Randmasche. Am Ende der 9. Reihe befinden sich 18 Maschen auf der Nadel. Dann die Arbeit wenden und für die **10. Reihe (= Rückreihe)** alle Maschen links abstricken – Umschläge siehe 6. Reihe.

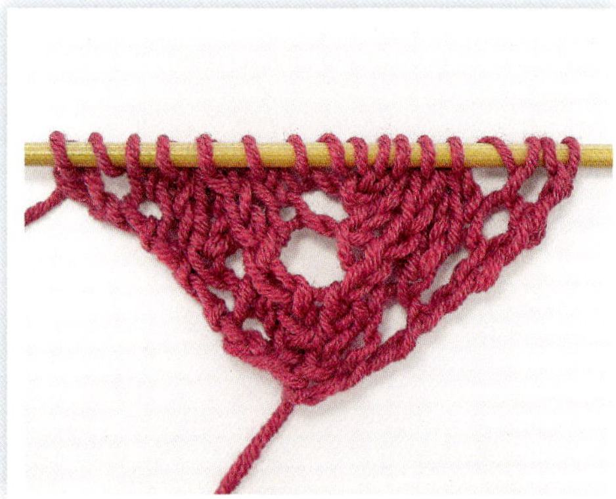

11.–32. REIHE

Die Reihen entsprechend fortführen. Die Zahl der Zunahmen erkennt man an der Abstufung der Strickschrift. Erscheint auf beiden Seiten der Strickschrift in der folgenden Reihe je 1 Kästchen mehr, dann werden in dieser Reihe 2 Maschen zugenommen – erscheinen je 2 Kästchen mehr, werden 4 Maschen zugenommen.

Da die Strickschrift nicht über die ganze Breite des Tuches im Buch dargestellt werden kann, wird der stets zu wiederholende Teil als Muster-

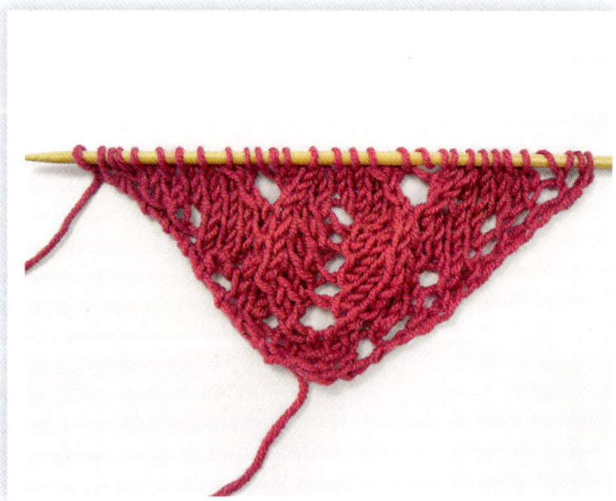

satz dargestellt. Diese grau oder rot unterlegten Flächen zeigen an, welche Maschen in der Breite und welche Reihen in der Höhe wiederholt werden.

Bei dieser Strickschrift nach der 32. Reihe die 20 Reihen von der 13.–32. Reihe stets wiederholen. Dabei stets mit den Maschen vor der grauen Fläche beginnen, dann die 8 grau unterlegten Maschen so oft wiederholen, bis nur noch die Maschen nach der grauen Fläche auf der Nadel sind. Dann diese entsprechend der Strickschrift abstricken.

Nach Bedarf die Modelle spannen. Dafür das Modell auf eine entsprechende Unterlage legen (z. B. Matratze) und mit Stecknadeln in kurzen Abständen feststecken. Danach anfeuchten und trocknen lassen.

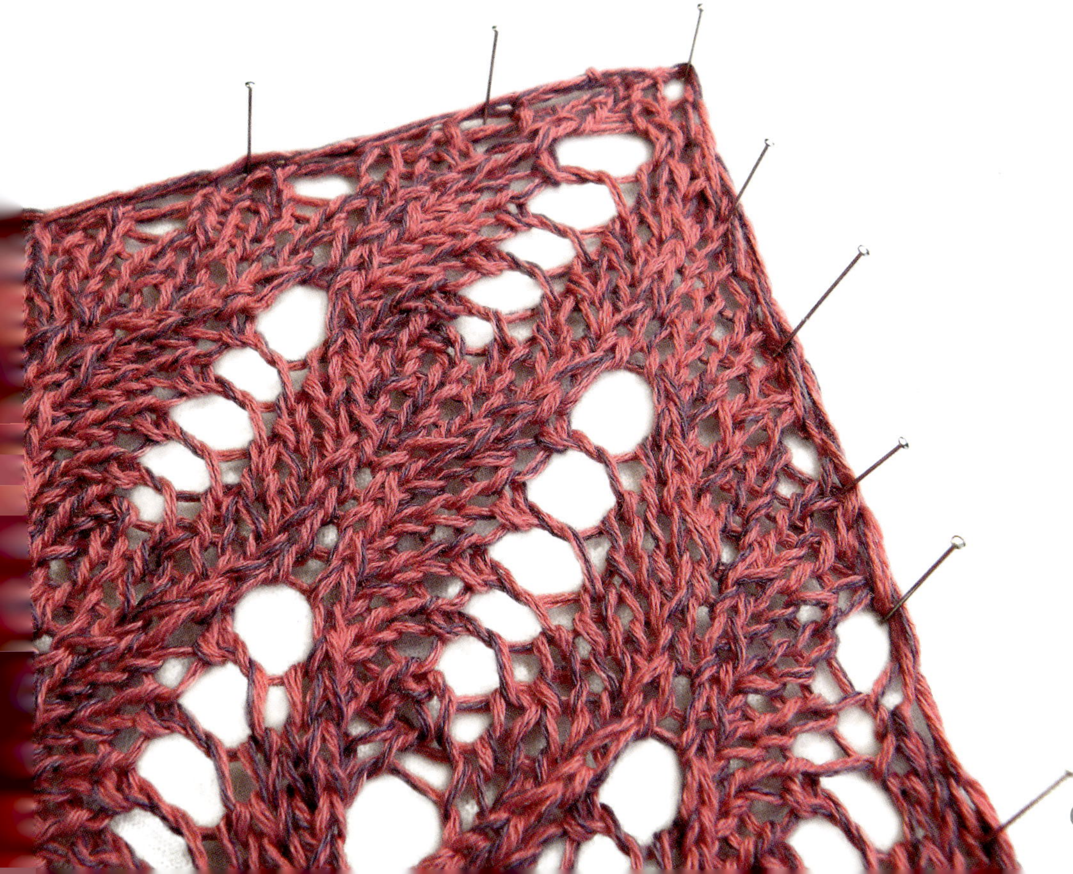

IMPRESSUM

Entwürfe: Veronika Hug
Realisation: Erika Altmayer-Schramm, Monika Engelmartin, Sabine Harms, Andrea Huttenlocher, Heike Köneke, Nicole König, Gabriele Strupp, Dominique Wiens
Redaktion: Maria Möllenkamp
Fotos & Styling: Florian Bilger Fotodesign
Projektmanagement: Jutta Götz
Lektorat: Jutta Götz
Fachkorrektorat: Margit Huber
Umschlaggestaltung: Regina Degenkolbe
Satz: Silke Schüler
Repro: LUDWIG:media
Herstellung: Stephanie Schlemmer

Printed in Slovenia by Florjancic

★★★★★

Sind Sie mit diesem Titel zufrieden? Dann würden wir uns über Ihre Weiterempfehlung freuen.
Erzählen Sie es im Freundeskreis, berichten Sie Ihrem Buchhändler oder bewerten Sie beim Onlinekauf.
Und wenn Sie Kritik, Korrekturen, Aktualisierungen haben, freuen wir uns über Ihre Nachricht an:
Christian Verlag, Postfach 40 02 09, D-80702 München oder per E-Mail an: lektorat@verlagshaus.de.

Unser komplettes Programm finden Sie unter:
www.christophorus-verlag.de

In diesem Buch wird aus Gründen der besseren Lesbarkeit das generische Maskulinum verwendet. Weibliche und anderweitige Geschlechteridentitäten werden dabei ausdrücklich mitgemeint, soweit es für die Aussage erforderlich ist.

Herstellerverzeichnis:
Woolly Hugs über L&K Langendorf&Keller GmbH, www.langendorf-keller.de

Die Deutsche Nationalbibliothek verzeichnet diese Publikation in der Deutschen Nationalbibliografie; detaillierte bibliografische Daten sind im Internet über http://dnb.d-nb.de abrufbar.

2. Auflage

Infanteriestraße 11a
D-80797 München

ISBN 978-3-8410-6628-2

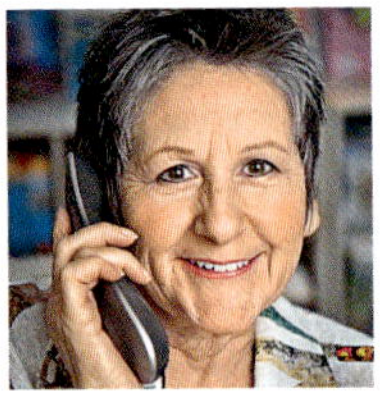

Kreativ-Service

Sie haben Fragen zu den Büchern und Materialien? Frau Erika Noll ist für Sie da und berät Sie rund um alle Kreativthemen. Rufen Sie an! Wir interessieren uns auch für Ihre eigenen Ideen und Anregungen. Sie erreichen Frau Noll per E-Mail: **mail@kreativ-service.info** oder Tel.: **+49 (0) 5052 / 91 18 58**

Besuchen Sie uns im Internet: www.christophorus-verlag.de